NEW
COMPANY
FOUNDING

第2版

一看就懂的
新公司开办
全|图|解

杨小丽◎编著

中国铁道出版社
CHINA RAILWAY PUBLISHING HOUSE

内 容 简 介

本书内容涉及新手开办公司的各个方面，全方位地讲解了新公司登记注册、管理和经营等方面的内容。

全书共9章，其主要内容包括：开公司前的理论基础、开公司前的准备工作、中小型公司的工商登记、不同类型公司的工商注册、开公司的税务问题和账户开立、新公司的人事与财务工作入门、新公司的日常管理、新公司的宣传与法律法规以及公司信息的变更与注销。

本书作为创业入门的实用书籍，立足于新手零基础开办公司，内容全面、实用，而且注重可操作性，能帮助想要步入创业门槛的新手了解从零开始创办公司的各项流程，以及如何管理、宣传公司，帮助公司顺利起航。

图书在版编目（CIP）数据

一看就懂的新公司开办全图解/杨小丽编著.—2版.—北京：中国铁道出版社，2019.3

ISBN 978-7-113-25099-7

Ⅰ.①一… Ⅱ.①杨… Ⅲ.①公司－企业管理－图解
Ⅳ.①F276.6-64

中国版本图书馆CIP数据核字（2018）第255906号

书　　名：一看就懂的新公司开办全图解（第2版）
作　　者：杨小丽　编著

责任编辑：张亚慧	读者热线电话：010-63560056
责任印制：赵星辰	封面设计：MXK DESIGN STUDIO

出版发行：中国铁道出版社（100054，北京市西城区右安门西街8号）
印　　刷：三河市兴达印务有限公司
版　　次：2016年5月第1版　2019年3月第2版　2019年3月第1次印刷
开　　本：700mm×1000mm　1/16　印张：14.5　字数：268千
书　　号：ISBN 978-7-113-25099-7
定　　价：49.00元

早在 2014 年 9 月的夏季达沃斯论坛上，国务院总理李克强在公开场合发出"大众创业、万众创新"的号召。在这一号召后，越来越多的人加入到创业的大军中。

虽然人人都想创业，但是创业开公司并不是一件小事，需要做哪些准备，如何注册新公司，经营公司需要懂得哪些知识，需要怎样管理员工才能创造效益……针对这些问题，我们精心策划并编写了本书，本书立足于新手零基础开办公司，力求让更多的创业者能即学即用，顺利把新公司开办起来。

本书内容

本书共 9 章，结合图示、图表对开办公司的知识进行专业而深入的讲解，详尽有序地将开公司的各种准备、工商注册、税务问题、日常管理、公司宣传等内容进行了介绍，其具体内容如下。

第 1 章 主要介绍开办公司需要具备哪些知识储备，并判断自己当前是否符合开办公司的条件，以及开办公司的资金来源等。

第 2 章 主要介绍开办公司之前需要准备什么，包括确定公司名称和标志、选择公司场地、制定公司章程、开办公司的费用准备等。

第 3 章 主要介绍中小型公司如何进行工商登记，包括工商注册前的准备工作、注册公司的方法有哪些、公司的审核、商标注册、代理注册以及开办公司必须准备的证照介绍。

第 4 章 主要介绍不同类型的公司的工商注册，包括餐馆的工商注册、进出口贸易公司的工商注册以及零售商店的工商注册。

第 5 章 主要介绍有关公司的税务问题以及账户开立的内容，包括如何进行税务登记，开办公司可能面临的税务问题有哪些，基本户和一般户的开立等。

第 6 章 主要介绍有关公司的人事和财务处理两大问题，帮助公司经营者更好地处理员工的招聘、培训、管理、离职以及财务方面的事宜。

第 7 章 主要介绍公司的日常管理，包括中小型公司的部门如何设置、公司领导层如何管理、如何建立团队、日常运行中的管理以及企业贷款方面的内容。

第 8 章 主要介绍新公司宣传与相关的法律法规，包括宣传的模式、宣传的媒介、适合新公司的宣传方式、宣传品的管理，新公司开办需要了解的《公司法》《合同法》《商标法》《劳动法》《劳动合同法》《劳动争议调解仲裁法》出现法律问题的应对方法。

第 9 章　主要介绍公司的信息变更与注销的相关内容以及具体的办理方法。

本书特色

真实而实用

本书在创作过程中侧重于实践方面的讲述，摒弃"假、大、空"的套话，全面结合新公司开办的各种实践操作，帮助读者从细处入手，切实掌握新公司开办入门的技巧。

全面而详尽

本书以通俗易懂、以图析文、简洁美观的方式讲解了开办公司的准备工作、注册流程、税务管理、账户开立、人事与财务管理、日常管理、公司宣传等知识，为读者详细介绍了零基础开办公司的具体流程和各种注意事项。

可操作性强

全书内容涉及新公司开办入门的各个方面，在相关章节中配上了一些清晰的流程图示，能帮助读者更高效地掌握开办公司涉及的各种办理流程操作。

读者对象

本书作为创业入门的实用书籍，能帮助想要步入创业门槛的新手了解从零开始开办公司的流程以及如何管理、宣传公司。适用于想要创业却暂时没找到入门途径的社会人士及刚毕业的大学生，此外，对于希望提升企业经营管理能力的初创私营业主也有一定的指导作用。

由于编者知识有限，书中难免会有疏漏和不足之处，恳请专家和读者不吝赐教。

编　者
2018 年 12 月

目　录

第 3 章　中小公司的工商登记

第1章

开公司前的理论基础

随着社会的进步和经济的发展，许多有想法有能力的个人开始思考自行创业，拥有自己的公司。但在开公司之前往往感觉茫然无措，无从下手。因此必须要先了解关于公司的一些基本理论知识。

先说说公司是什么

分清有限公司和股份公司

经营部、个体户、工作室的区别

最重要的公司法人

什么是股东

董事长和总经理

自己是否符合公司申请条件

哪种模式更适合你

1.1 你真的了解公司吗

　　现在虽然有很多人想要跳出替人打工的工作模式自己创业开公司，但是会存在一些人对于公司的概念理解模糊的问题。要想筹备开公司，我们首先要了解什么是公司？还有关于公司类型和规模大小等的基本认识。

1.1.1 先说说公司是什么

　　公司是指依法设立的、有独立法人财产、以营业为目的的企业法人。实质是企业的组织形式。根据划分依据可将公司分为不同类型，如表 1-1 所示。

表 1-1　按不同划分依据划分的公司类型

划分依据	公司类型		
按出资方式不同	有限公司	股份公司	
按企业规模不同	经营部	个体户	工作室
	小型公司	中型公司	大型公司

中小型公司

一般来说，按企业规模划分的公司就是小型、中型和大型公司，但是在经济发展的现在，从中型公司中衍生出了中小型公司。中小型公司包括中型公司、小型公司和微型公司。

　　还有两种不在我国《公司法》范围内的公司，分别是两合公司和股份两合公司，其具体说明如下。

- 公司的一部分股东对公司债务承担无限连带责任，另一部分股东对公司债务仅以出资额为限承担有限责任的两合公司。

- 公司资本划分为等额股份，一部分股东对公司债务承担无限连带责任，另一部分股东对公司债务仅以其持有的股份额为限承担责任的股份两合公司。

1.1.2 分清有限公司和股份公司

　　在日常生活中常有人说某有限公司或某股份公司，到底什么是有限公司什么是股份公司呢？我们从定义来了解什么是有限公司和股份公司。

- 有限公司是有限责任公司的简称，由50个以下的股东出资设立，每个股东以其认缴的出资额对公司承担有限责任，公司以其全部资产对其债务承担责任的经济组织。其子类型公司有普通有限责任公司、一人责任有限公司和国有独资公司。

- 股份公司是股份有限公司的简称，是指公司资本为股份所组成的公司，股东以其认购的股份为限对公司承担责任的企业法人。设立时，应当有2人以上200人以下为发起人，注册资本最低限额为人民币500万元。其子类型公司一般认为有发起设立的股份有限公司和募集设立的股份有限公司。

什么是发起设立和募集设立

发起设立是指发起人认购公司应发行的全部股份，不再向社会公众公开募集的一种设立方式。募集设立是对应发起设立的一种设立方式，是指发起人认购公司应发行股份的一部分，剩余股份向社会公众募集。

从有限公司和股份公司的定义可以看出，其股东都要对公司承担相应的责任。两者的具体区别如表1-2所示。

表1-2　有限公司和股份公司的区别

不同点	区别
是人合还是资合	有限责任公司是结合了资合性和人合性的，一方面股东出资享受权利承担责任，另一方面因其不公开招股，股东之间关系密切，体现了人合性；而股份公司是彻底的资合公司，其本身的组成和信用基础是公司的资本，与股东个人人身性没有关系
股份是否等额	有限公司全部资产不必分成等额股份，但股份公司必须将全部资产划为等额股份
募股集资是封闭还是公开	有限公司只能在出资者范围内募股集资，不得向社会公开募股集资，公司为出资人发的出资证明不得在市场上流通转让，因此有限公司的财务无须向社会公开；而股份公司无论范围大小都需向社会公开募股集资，因此财务经营状况也要公开

不同点	区别
股东数额	有限责任公司具有人合性，股东之间以信用为基础，因此人数不宜过多，我国《公司法》规定2~50人。而股份公司的股东一般只有下限没有上限
股份转让的自由度	有限公司的出资证明不能转让流通，但股东的出资可以在全体股东过半数同意下进行转让，此时其他股东比股东以外的人有优先购买权；股份公司的股份表现形式是股票，而股票是可以在市场上流通转让的
设立的宽严程度不同	有限责任公司因其封闭性和人合性，其设立条件没有股份公司的设立条件严格，有的条件可以简化；而因为股份公司的经济地位和组织活动特性，所以国家必须以法律手段对其进行管理监督，其设立必须经有关部门批准

这里需要注意的是，《公司法》规定的有限公司是指在中国境内设立的。每个公司有其特定的组织结构，公司的领导人，从上到下的管理人员，不同层级的组织和委员会。每一层级都对上一层级负责，执行上一级下达的命令和任务。股份公司的组织结构和有限公司的组织结构大体相同，如图1-1所示。

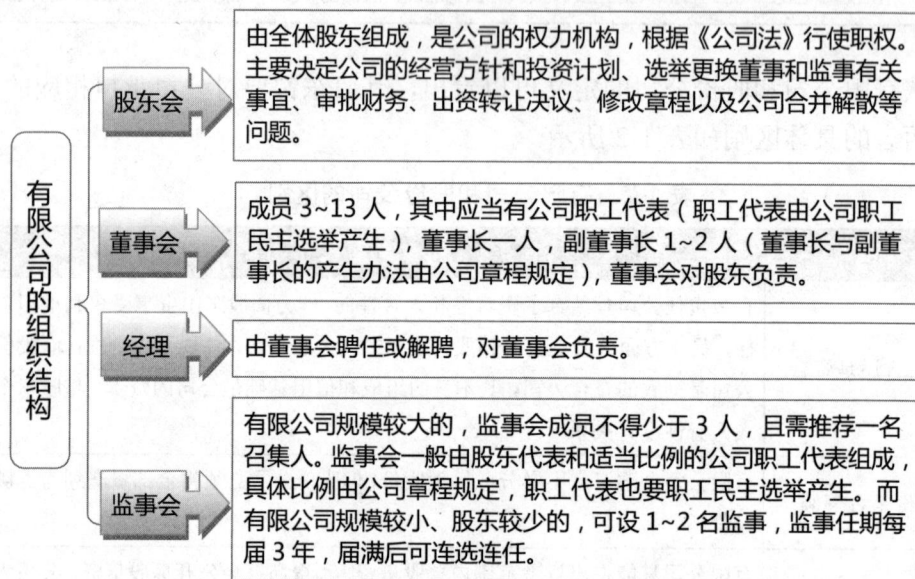

图1-1　有限公司的组织结构

1.1.3　经营部、个体户、工作室的区别

生活中我们还会见到一些规模比较小的组织团体,公司初期一般规模较小。

比如经营部、个体户和工作室等，一般都只是具有公司模式雏形的团体。

（1）经营部

经营部可以是一个公司的一个部门，一般是公司经营的补充，也可以是一个名叫"经营部"的个人独资公司，简单来讲就是该公司的全部资产属于同一个人。如果经营部是公司的一个部门，则不能独立核算和直接签订合同，若是作为个人独资公司就例外。

（2）个体户

个体户即个体工商户，是指有经营能力并依照《个体工商户条例》的规定经工商行政管理部门登记，从事工商业经营的公民。一般是个人或者家庭为单位组建。

自然人从事个体工商业经营必须依法核准登记，一般在县以上工商行政管理机关登记。个体工商户经核准登记取得营业执照后才可以开始营业。

并且个体工商户只能经营法律政策允许的个体经营行业。转业、合并、变更以及歇业等事宜都需要办理登记手续。

与一般的公司一样，个体工商户也需要申办营业执照，其样式与一般公司所申办的营业执照（将在本书第 3 章中介绍）大同小异。

在依法核准登记的范围内，个体工商户享有从事个体工商业经营的民事权利能力和民事行为能力。个体工商户的正当经营活动受法律保护，针对经营的资产和合法收益享有所有权。对于财产责任，若是个人经营就个人承担，家庭经营就家庭承担。

个体户的类型包括 3 种，如图 1-2 所示。

在各级工商行政管理机关登记注册、领取"营业执照"后，从事商业、建筑业、运输业、餐饮业、服务业等活动的个体户。
领取"民办非企业单位（合伙）登记证书"或"民办非企业单位（个人）登记证书"的民办非企业单位。
没有领取"营业执照"但实际从事个体经营活动的城镇、农村个体经营单位。

图 1-2　个体户的类型

注册为个体户有什么优缺点？

优点：①对注册资金实行申报制，不进行验资；②申请人只要具备与其经营项目相对应的资金、经营场地、经营能力及业务技术即可，这种注册方式较为简单省钱。

缺点：①个体户是由税务机关估算销售额定税，不论当月收入多少，有无收入都要按定税金额来交税，不用按月申报税务报表；②个体户看起来不如正式的有限责任公司正规，很有可能会限制客户的规模。

个体工商户从事生产经营活动必须遵守国家的法律，应照章纳税，服从工商行政管理。从事违法经营的，必须承担民事责任和其他法律责任。

（3）工作室

工作室是公司的一种雏形，一般就几个人组建，最少时可以是一个人。很多工作室是为了同一个理想、愿望和利益奋斗的集体。例如绘画工作室、动画设计工作室、音乐工作室和舞蹈工作室等。

工作室的规模不大，成员间利益平等，大部分没有职位之分，发展到更大的规模时可以由室长来统领所有成员。

成员之间负责各自的事情，也可以共同讨论决定。工作室的成立流程如图1-3 所示。

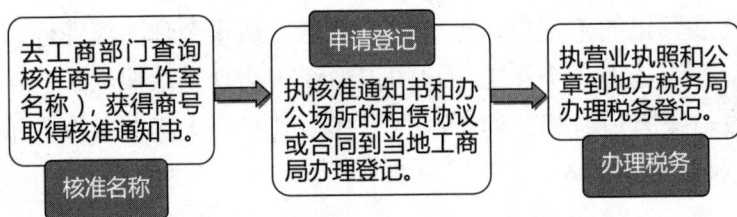

图 1-3　工作室成立流程

由于工作室通常是由有共同爱好的成员建立，比起一些行业公司的相关部门，更具专业精神。虽然工作室结构小，成员少，但是它比公司运作灵活，没有过多条条框框的要求，从而可以使工作效率更高。

但是，也因为工作室的服务过于单一化，有时不能系统地服务于要求比较全面的客户，且其低运营方式就决定了它很难具有承担商业风险的能力，资金和订单往往是发展的瓶颈。

1.1.4 何谓中小型公司

中小型公司也称中小型企业或中小企业。现在的很多企业都是中小型公司，正处在稳步发展的阶段，是目前我国最普遍的公司模式。

（1）什么是中小型公司

中小型公司是指在经营规模上较小的企业。雇佣人数及营业额都不大，通常由单一个人或少数人提供资金组成，在经营上多半是业主直接管理。

不同行业中小型企业的规模有所不同，因此中小型公司又分为中型、小型和微型 3 种。下面以部分行业规模划分标准为例，如表 1-3 所示。

表 1-3 部分行业中小型公司的规模情况

行业	划分标准	子类型划分标准		
		微型企业	小型企业	中型企业
餐饮业	从业人员＜300 人或营业收入＜10 000 万元	从业人员＜10 人或营业收入＜100 万元	从业人员≥10 人且营业收入≥100 万元	从业人员≥100 人且营业收入≥200 万元
住宿业	从业人员＜300 人或营业收入＜10 000 万元	从业人员＜10 人或营业收入＜100 万元	从业人员≥10 人且营业收入≥100 万元	从业人员≥100 人且营业收入≥200 万元
批发业	从业人员＜200 人或营业收入＜40 000 万元	从业人员＜5 人或营业收入＜1 000 万元	从业人员≥5 人且营业收入≥1 000 万元	从业人员≥20 人且营业收入≥5 000 万元
零售业	从业人员＜300 人或营业收入＜20 000 万元	从业人员＜10 人或营业收入＜100 万元	从业人员≥10 人且营业收入≥100 万元	从业人员≥50 人且营业收入≥500 万元
农、林、牧、渔业	营业收入＜20 000 万元	营业收入＜50 万元	营业收入≥50 万元	营业收入≥500 万元

中小型企业的组织结构一般采取直线职能制度结构，上级有总经理，下设各个部门，如市场部、工程部、财务部和总务部等。不同的公司以自身的情况设立不同的职能部门，如图 1-4 所示为某公司的组织结构示意图。

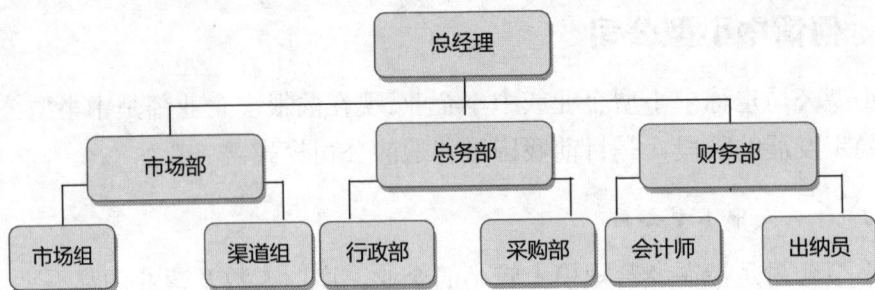

图 1-4　某公司直线职能制度结构

（2）中小型公司的优势和作用

了解了中小型公司的概念和规模以后，接下来我们开办公司最关心的就是中小型公司的优势及其作用，如图 1-5 所示。

图 1-5　中小型公司的优势和作用

由于中小型公司规模不大，因此管理起来比较简单，对于公司管理层来说制定经营决策较快，对市场的反应更加灵敏，风险也随之减小。公司运营所需要的成本不高，员工数较少，对于管理层下达的任务执行力更强，公司内部资源的整合及协调会比较简单快速。

1.2　公司领导人有哪些

领导人有其责任实施领导职能。有领导人进行的组织活动更加有序正式，一些规模比较大的公司如有限责任公司和股份公司，都有其法人和董事长等。下面我们将具体介绍这些领导人。

1.2.1 最重要的公司法人

公司法人是指依照公司法设立的，有独立的财产，能够依自己的名义享有民事权利和承担民事义务，并以自己的全部财产对公司的债务承担民事责任的企业组织。不同类型的公司其法人代表不同，如表 1-4 所示。

表 1-4 不同类型的公司法人

公司类型	法人代表
普通有限责任公司	一般都成立了股东会和董事会，法人代表一般是董事长
一人有限责任公司	一位自然人股东，法人代表是公司的创始人（投资人）
国有独资公司	不设股东会，一般只有"国家"这一个股东，并由国有资产监督管理机构行使股东职权，法人代表就是国家
发起设立	一般是董事长
募集设立	一般是董事长

1.2.2 什么是股东

股东是股份制公司的出资人（投资人），也可以说是股份公司或者有限责任公司中持有股份的人，也指其他合资经营的工商企业的投资者。股东有权出席股东大会并行使表决权。

（1）法律地位

股东作为出资者按其出资数额（股东另有约定的除外），享有所有者的分享收益、重大决策和选择管理者等权利。股东之间地位一律平等，原则上同股同权、同股同利，但公司章程可做其他约定。

但是国有独资公司应由国务院或者地方人民政府委托本级人民政府国有资产监督管理机构履行出资人职责。

（2）相关权利

作为公司的投资者（股东），给公司的成立注入资金，做出的贡献对应享受一定的权利，具体有 8 种权利，如图 1-6 所示。

1 知情质询权	股东有权查阅公司章程、各级会议记录、财务会计报告、股东名册和公司债券存根等，对公司的经营提出建议或质询。
2 决策表决权	股东有权参加并根据出资比例或其他约定行使表决权，《公司法》还赋予对违规决议的请求撤销权。
3 选举权	股东有权选举和被选举为董事会成员、监事会成员。
4 收益权	股东有权依照法律、法规、公司章程规定获取红利，分取公司终止后的剩余资产。涉及到解散公司请求权和股东代表诉讼权。
5 直接索赔权	当董事或者高管的个人行为对股东个人造成直接的利益损害，股东有权直接向董事或高管进行索赔。
6 优先权	股东在公司新增资本或发行新股时，在同等条件下有认缴优先权，有限公司股东还享有对其他股东转让股权的优先受让权。
7 提议召集权	在非股东会的正常召集时间但又有特别情况时，为了能够更大程度地扩大公司利益和实现股东利益，若符合一定条件，股东可以提议召集临时股东会。
8 其他权利	有限公司层面主要体现为"单独股东权"，在股份有限公司层面主要体现为"少数股东权"，以维护小股东利益。

图 1-6　股东的相关权利

（3）相关义务

权利与义务是相对应的，在享受权利的同时也要承担一定的责任和义务，如图 1-7 所示。

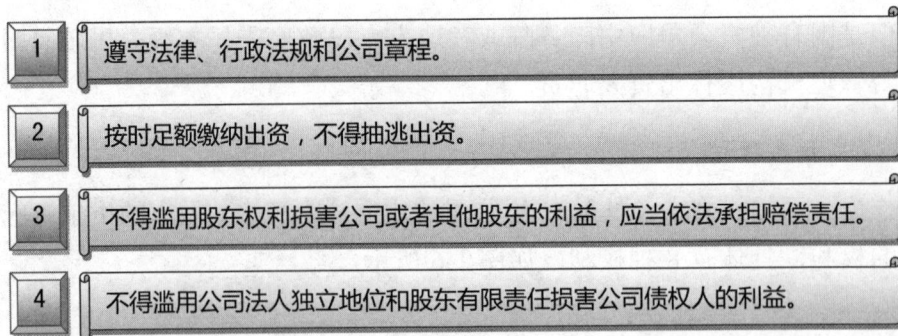

1	遵守法律、行政法规和公司章程。
2	按时足额缴纳出资，不得抽逃出资。
3	不得滥用股东权利损害公司或者其他股东的利益，应当依法承担赔偿责任。
4	不得滥用公司法人独立地位和股东有限责任损害公司债权人的利益。

图 1-7　股东应承担职责和履行的义务

1.2.3 董事长和总经理

我们都知道一个规模较大的公司都有董事会，显然就会有董事长。而对董事会负责的是经理。我们接下来了解一下董事长和经理在公司的岗位职责和管理权限等问题。

（1）董事长

董事长，顾名思义可理解为董事会的负责人。他是公司或机构的最高管理者，公司利益的最高代表。董事长的职责具有组织、协调和代表性质，其权力只在董事会职责范围内，不涉及公司的具体业务，一般不进行个人决策。

董事长只在董事会或董事会专门委员会开会时才享有与其他董事同等的投票权。董事长掌握行政权力，可随时解除董事及监事以外的任何人的职务。

CEO 的权力也来源于董事长，且只有董事长拥有召开董事会和罢免 CEO 等最高权力。

董事长是公司的法定代表人和重大事项的主要决策人。在董事会闭会期间执行公司重要业务活动的处理权以及董事会职代行权，并承担执行公司各项规章制度的义务。与此同时，要主持公司生产经营管理工作，对所承担的工作全面负责。

（2）总经理

传统意义上总经理是一个公司的最高领导人或创始人，但是根据公司规模的不同，其所处的层级有所不同。在一些中小企业，总经理就是公司的最高领导人和管理者，但是在一些规模较大（如跨国企业）的公司，总经理只是其分支机构或事业体的最高负责人。

股份公司的总经理是董事会聘任的，在董事会的授权下执行董事会的战略决策以及对外签订合同处理业务。总经理负责公司日常业务的管理经营，组建必要的职能部门并组聘管理人员。

总经理提出任免副总经理、总经济师、总工程师及部门经理等高级职员的人选，报董事会批准。总经理研究决定问题可召开总经理会议或总经理办公会。

总经理需要定期向董事会报告业务情况，提交年度报告以及各种报表、计划和方案。对公司重大技术改造和项目投资有建议权。

1.3 决定开公司前需要做足的理论准备

我们在决定开公司前不仅要了解公司的具体含义和公司内部人员层级的关系，最重要的是做好开公司前的手续准备和公司的定位。比如，公司的申请条件、开公司的资金来源及哪种模式更适合当前自身条件。

1.3.1 自己是否符合公司申请条件

在决定开公司之前，首先要判断自身是否符合建立公司的条件，如果连申请条件都不符合，那么我们后面要做的事情就没有意义。

(1) 单个经营部的成立条件

投资人是中国公民，有合法的企业名称，有投资人申报的出资，还要有固定的场所和必要的生产经营条件，以及有必要的从业人员，必须同时具备这几项才能开办独立的经营部。

(2) 个体户的成立条件

根据法律有关政策规定，可以申请个体工商户经营的主要是城镇待业青年、社会闲散人员和农村村民，并且申请人必须具备与经营项目相应的资金、经营场地、经营能力及业务技术。而国家机关干部和企事业单位职工不能申请个体工商业的经营。

(3) 工作室的成立条件

工作室的成立条件较宽泛，只要是能确定有经营场地、资金以及从业人员，即使只有一个人工作也可以成立工作室。但是需要注意，如果工作室是以盈利为目的，那么工作室就需要注册资金。

成立工作室时，需要提供相应的文件，如商号、名称核准通知书、办公场所的租赁协议或合同、营业执照以及公章等。

(4) 中小型公司的成立条件

中小型公司一般都是在小型公司和工作室等的基础上发展起来的，其成立条件相对于小型公司和工作室成立条件的基础更加严格。公司人数及营业收入达到相应的规模才能称之为中小企业。具体情况参照前面提到的中小型企业的划分标准。

最后，根据公司发展的规模和公司股东或者投资者的出资方式不同，来定位公司是属于有限公司还是股份公司。

1.3.2　开公司的资金来源

在明确了开公司的条件并且确定自身条件符合后，我们要考虑开公司所需的资金从何而来，从而保证公司以后的正常运作。

公司资金来源分为自有资金、吸收资金和专项资金 3 类。如图 1-8 所示。

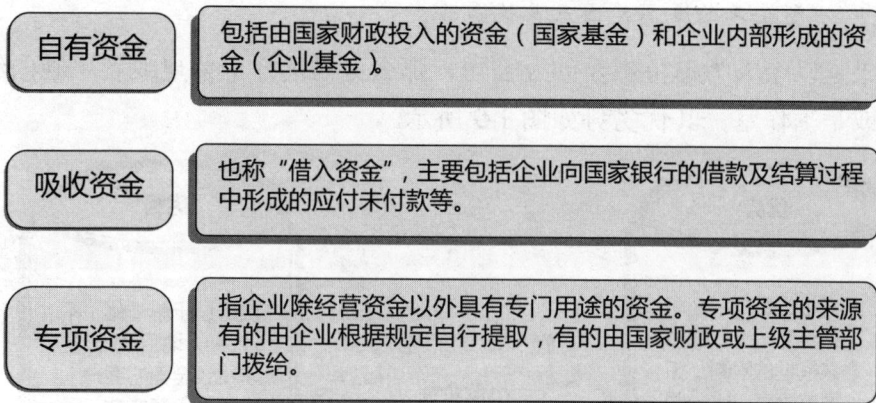

自有资金	包括由国家财政投入的资金（国家基金）和企业内部形成的资金（企业基金）。
吸收资金	也称"借入资金"，主要包括企业向国家银行的借款及结算过程中形成的应付未付款等。
专项资金	指企业除经营资金以外具有专门用途的资金。专项资金的来源有的由企业根据规定自行提取，有的由国家财政或上级主管部门拨给。

图 1-8　公司资金来源分类

不同所有制、不同业务性质的企业，其资金来源及构成也不相同。一些小型微利的企业（如个体工商户）很多都是用自己手里现有的钱或者向银行贷款设立的。当公司发展到一定程度时，投资者的个人资金不足以维系公司的运作，此时就需要有吸收资金。

1.3.3　明确个人创业的方向

其实在我们决定要开立公司的时候，很可能已经想好了公司所属的行业。因为纵观目前企业的发展行情，不是所有的行业都蒸蒸日上生意兴隆。选择自己认为能够赚钱或者自己喜欢的行业是一件不容易的事。

因为做生意都是有亏有赚，明确自己的创业方向可以在以后的经营中更加得心应手。我们看到刚开始创业都是一些较小规模的工作室或者个体工商户。这些规模成立条件较宽泛容易。

所谓民以食为天，像这些更贴近人们生活的行业发展的前景相当好。如果创业的目的就是要盈利，那么可以选择餐饮住宿行业。但若是想要创立属于自己的品牌，就需要我们更加了解公司模式适用的群体范围。

1.3.4 哪种模式更适合你

我们常听人说，最好的不一定是最适合的，要根据自身的条件以及喜好选择最适合自己的公司模式。下面我们来了解一下不同模式公司的适用范围。

（1）小型企业的适用范围及其优劣势

如果是以个人为单位想要创办公司，那么可以选择个体户或者单独的经营部，抑或是工作室。其优劣势如图1-9所示。

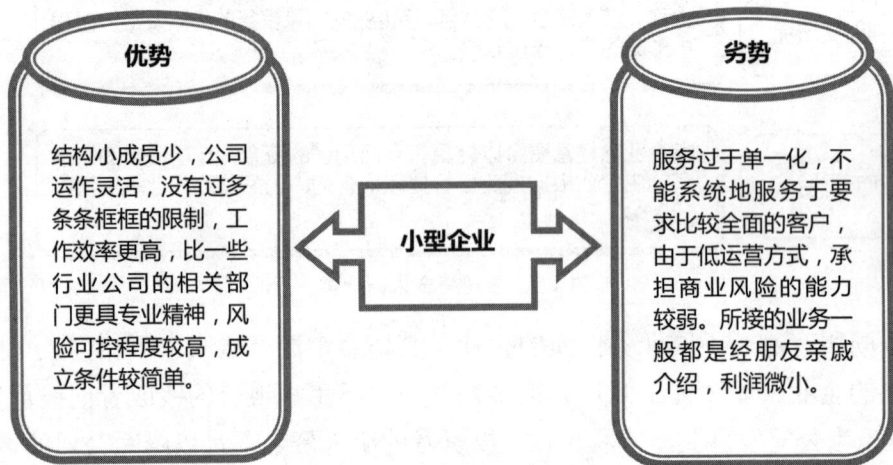

图 1-9 小型企业的优劣势

个体户一般都以家庭为单位开展经营活动，在成本和收益方面的界限不太明确，但是整个团队的凝聚力要比工作室和经营部更强大。

工作室一般都是有相同爱好和相同愿望的人走在一起创立的比较有针对性和专业性的小公司。这类工作室的优点是所有人都有共同的目标，并且成员之间的立场和位置都是平等的。但因为工作室规模较小，所以承接的业务量有限，发展相对比较缓慢。

经营部和工作室类似。优点也是管理简便，风险较低。但承担风险的能力有限，发展缓慢。

（2）中型企业的适用范围及其优劣势

中型企业一般都是从小型企业发展而来，除非是企业的投资者从一开始创办公司就有资金和其他方面的能力创办中型企业。中型企业一般要求的从业人员超过百人，其优劣势如图 1-10 所示。

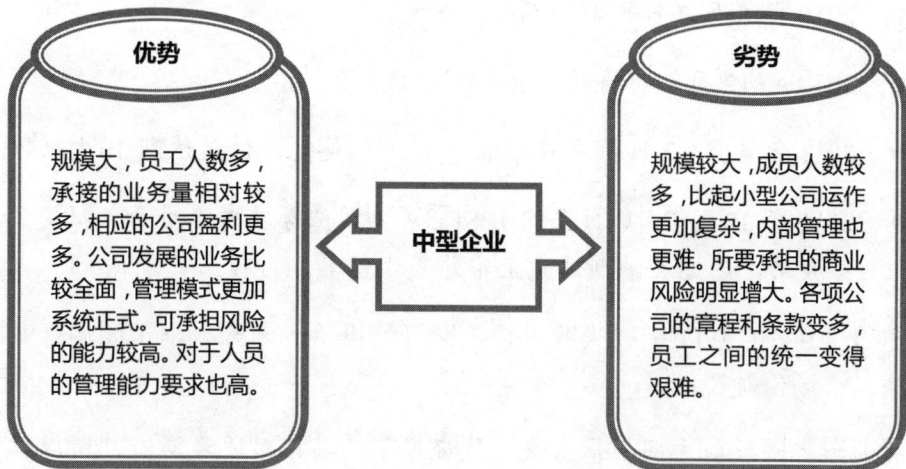

优势		劣势
规模大，员工人数多，承接的业务量相对较多，相应的公司盈利更多。公司发展的业务比较全面，管理模式更加系统正式。可承担风险的能力较高。对于人员的管理能力要求也高。	中型企业	规模较大，成员人数较多，比起小型公司运作更加复杂，内部管理也更难。所要承担的商业风险明显增大。各项公司的章程和条款变多，员工之间的统一变得艰难。

图 1-10　中型企业的优劣势

如果我们有能力从开办公司最初就达到中型企业，那么可根据其优劣势决定是否开办中型企业。如果能力不到开办中型企业的水平，那么可以根据自己的爱好选择个体户经营或者工作室、经营部这样的小型公司。

建筑材料行业、药品行业、旅游业和交通运输业等，这些行业要求的经营范围较大，只有在自身条件充分的情况下选择开办。因为这些行业所需要的信用度比起小型企业（如个体户）更高，没有一定的社会人际关系，业务的开展会很困难，并且面临的亏本风险更高。

【前车之鉴：创业初期不要急于扩张】

吴某，清华大学电子工程学士，美国西密歇根大学计算机科学硕士，他先后创立焦点房地产网、拉手网和美澳居，是美澳居创始人兼 CEO，也是互联网电子商务及 O2O 的开拓者和实践者，并深耕行业 15 年。

2010 年 3 月 18 日，拉手网正式上线，不到一年的时间，该网站的注册用户数量突破 300 万，月均访问量突破 3 000 万，开通服务超过 400 座城市。在

2010 年当年，交易额接近 10 亿元，是中国内地曾经最大的团购网站之一。

在拉手网成立一个多月后便开始疯狂地进行融资。

- 2010 年 4 月 22 日，该网站获"泰山天使"A 轮投资。

- 2010 年 6 月 7 日再融资 500 万美元。

- 2010 年 12 月 2 日再获 5 000 万美元投资。

- 2011 年 4 月 12 日拉手网又融资 1.11 亿美元，估值达到 10 亿美元。

- 2011 年 10 月 29 日拉手网向 SEC（美国证券交易委员会）提交了 IPO 招股书，计划在纳斯达克上市募集 1 亿美元。

随着 2011 年 IPO 招股失败，拉手网开始没落，渐渐退出了团购行业的第一梯队，市场份额锐减。

【前车之鉴：拉手网扩张太快，钱烧没了，其他对手还活着，所以扩张要看风向，该扩张时再扩张】

第2章

开公司前的准备工作

人们常说机会是留给有准备的人，而有些人开公司的想法就是心血来潮，没有经过深思熟虑。要想开头好首先要做的就是开公司前的准备工作，不管是公司的名称和场所，还是公司的章程和费用等都要有准备地实施，且要注重其中的要点。

公司起名的原则

为公司设计标志

非常重要的公司文化

房屋租赁技巧

公司章程需要具备哪些内容

中小型公司的章程模板

申办公司时的费用

确定股份分配

确定权利归属

签署合伙协议

2.1 确定公司名称与标志

一个公司的名称和标志就像是一个人的名字和面貌，是公司存在必不可少的一部分。这些不仅关系到企业在行业内的影响力，还关系到企业经营的产品投放市场后消费者对企业的认可度。而公司的名称和标志的确定有一定的原则，这其中还可能包括公司文化的体现。

2.1.1 公司起名的原则

我们不能想到什么名字就将其作为公司的名称，在我国，公司的取名有一定的原则。

● 企业名称的使用应当符合国家规范汉字。企业法人名称中不得含有其他法人名称，国家工商行政管理总局另有规定的除外。

● 企业名称不得含有下列内容的文字。有损于国家、社会公共利益的；可能对公众造成欺骗或误解的；外国国家（地区）、国际组织等的名称；政党、党政军机关、群众组织、社会团体名称及部队番号；外国文字、汉语拼音字母和阿拉伯数字，以及法律和行政法规所禁止的内容。

● 企业名称中不得含有另一企业名称，企业分支机构名称应当冠以其从属企业的名称。企业营业执照上只准标明一个企业名称。

● 企业名称有如下情形之一的不予核准。与同一工商行政管理机关核准或者登记注册的同行业企业名称字号相同的，有投资关系的除外；与其他企业变更名称未满一年的原名称相同的；与注销登记或者被吊销营业执照未满3年的企业名称相同的；其他违反法律和行政法规的。

● 企业名称需译成外文使用的，由企业依据文字翻译原则自行翻译使用，不需报工商行政管理机关核准登记。

2.1.2 为公司设计标志

公司标志是公司视觉识别系统中的核心部分，是一种高度简洁的图形符号，它不仅要符合标志的规范设计，还要体现公司的经营理念，更要在实际应用时适用。那么为公司设计标志需要注意哪些问题呢？

（1）标志设计原则

标志的设计要遵循一定原则，不是想怎么设计就怎么设计，如图 2-1 所示。

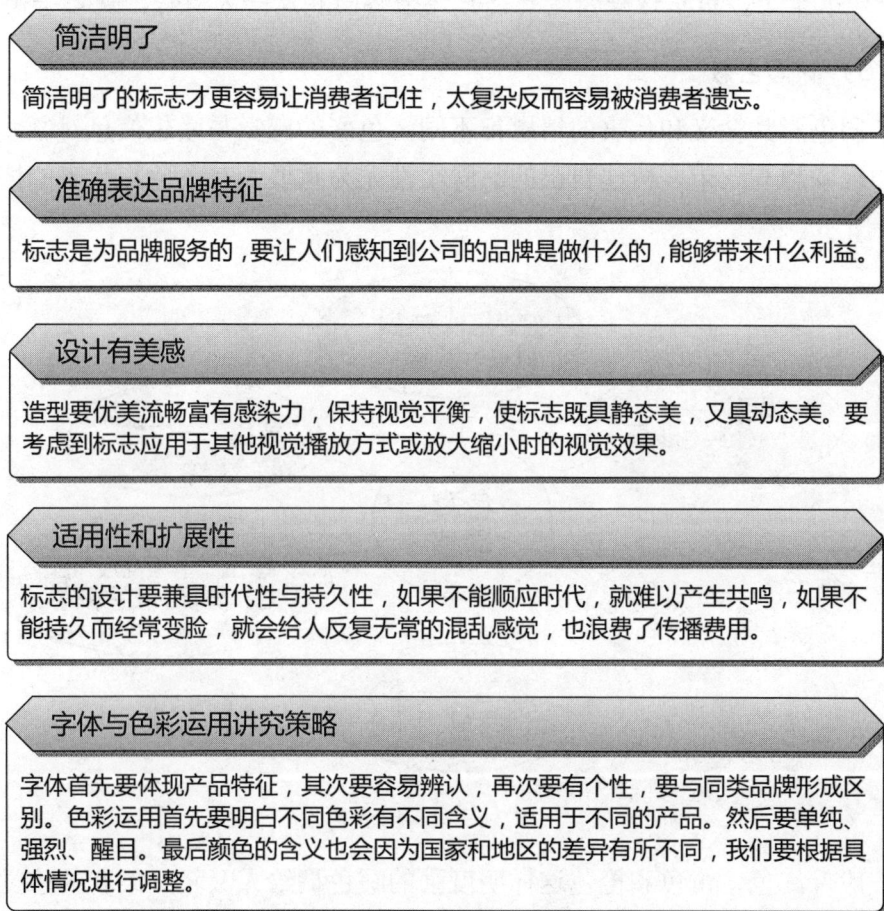

简洁明了

简洁明了的标志才更容易让消费者记住，太复杂反而容易被消费者遗忘。

准确表达品牌特征

标志是为品牌服务的，要让人们感知到公司的品牌是做什么的，能够带来什么利益。

设计有美感

造型要优美流畅富有感染力，保持视觉平衡，使标志既具静态美，又具动态美。要考虑到标志应用于其他视觉播放方式或放大缩小时的视觉效果。

适用性和扩展性

标志的设计要兼具时代性与持久性，如果不能顺应时代，就难以产生共鸣，如果不能持久而经常变脸，就会给人反复无常的混乱感觉，也浪费了传播费用。

字体与色彩运用讲究策略

字体首先要体现产品特征，其次要容易辨认，再次要有个性，要与同类品牌形成区别。色彩运用首先要明白不同色彩有不同含义，适用于不同的产品。然后要单纯、强烈、醒目。最后颜色的含义也会因为国家和地区的差异有所不同，我们要根据具体情况进行调整。

图 2-1　标志设计原则

（2）标志设计禁忌

我们遵循标志设计原则的同时，会遇到一些禁忌问题，具体注意以下 3 点。

● **防止同类**：为了突出自身品牌的特点，就要避免和其他产品的标志相同，否则将会大大减弱品牌标志的识别性能。

● **大小修正**：有些标志图案可以完美地用在名片或图章上，但放大运用在广告牌上时却容易失真；有的则正好相反，大的标志压缩变形后，原来的设计精神和形象荡然无存。因而在标志设计中，要注意这种放大或缩小引起的变形问题。

● **错觉改正**：在设计时对可能引起公众和消费者心理错觉的地方做某种修正。例如设计的是垂直线，由于其他部分斜角的影响，使直线看起来歪了，纠正这种错觉就得把线条略向相反一方微斜，使之平衡。

（3）标志色彩

不同色彩其含义和代表的情感都不同，色彩的感觉与联想信息对激发消费者的心理联想与欲望、树建自己的品牌个性尤为重要。有关色彩代表的情感如图 2-2 所示。

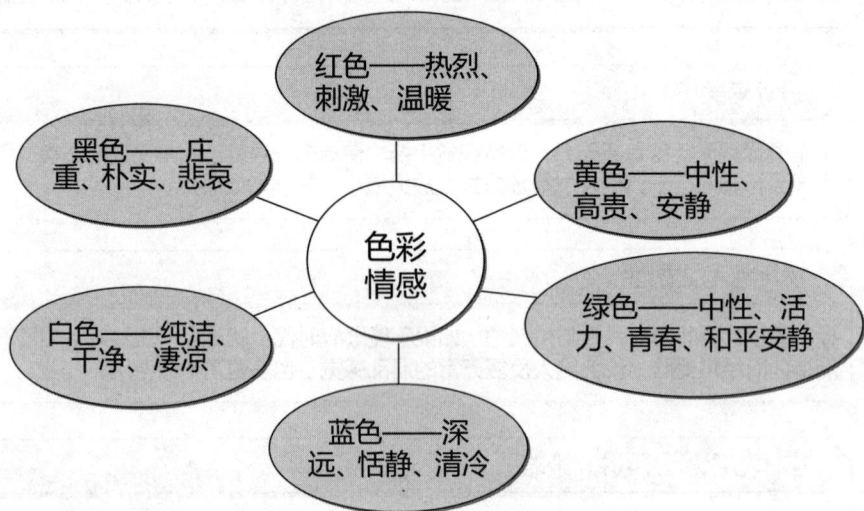

图 2-2　色彩情感

一般像红色、黄色和橙色这样明度强的暖色调给人又轻又柔和的感觉，明度感强的色彩之间距离感也比较强；而像黑色、蓝色、绿色和青色等这样的冷色调就会给人比较沉重坚硬的感觉，色彩之间感觉距离更近。

同时，色彩的味觉感也很强。黄色、蓝色和绿色给人酸味感；白色、乳黄色和粉红色给人甜味感；茶色、暗绿色、咖啡色和黑色给人苦味感；红色给人辣味感。

色彩联想是指消费者看到某种颜色所能想到的事物。图 2-3 所示为部分色彩联想情况。

| 白色 | 雪花、白云、面粉、婚纱等。 |

图 2-3　部分色彩联想事物

黑色	葬礼、办公用具、黑色食品、夜晚等。
灰色	阴天、运动用品、建筑等。
红色	太阳、火焰、血、红十字、喜庆、热情、玫瑰、危险、火锅、西瓜等。
橙色	柑橘、果汁等。此外橙色还反映欺诈和嫉妒等行为和心情。
黄色	香蕉、奶茶、黄金、麦当劳、郁金香、秋天、五谷杂粮等，此外黄色在中国一般和红色搭配出现在春节期间较多，代表喜庆。
绿色	春天、草木、和平、环保、成长、健康、自然、蔬菜、保健产品、朝气、旅游等。
紫色	婚礼、薰衣草。

图 2-3　部分色彩联想事物（续）

2.1.3　非常重要的公司文化

公司文化又称企业文化或组织文化，是一个组织由其价值观、信念、仪式、符号和处事方式等组成的特有的文化形象。其本质是一种管理文化。

企业文化包括文化观念、价值观念、企业精神、道德规范、行为准则、历史传统、企业制度、文化环境和企业产品等，其核心是价值观念。

企业文化涉及公司的方方面面，它有具体的特征和存在意义，还有其功能和分类。

（1）公司文化的意义

公司文化能激发员工的使命感，凝聚员工的归属感，加强员工的责任感，赋予员工荣誉感，实现员工的成就感。当一个员工认为自己是公司的一部分，有和公司共同进退的使命感和责任感，那么公司的荣誉和成就也会带给员工相应的满足感。

（2）公司文化的特征

公司文化是企业个性化的根本体现，是企业生存、竞争和发展的灵魂。它有 6 种具体性质的特征，如图 2-4 所示。

独特性	企业文化具有鲜明的个性和特色，每个企业不同的生产经营管理方式、企业传统、企业目标和员工素质等决定了其独特的文化沉淀。
继承性	企业文化是历史的产物，一般是继承优秀的民族文化精华、企业文化的传统和外来企业实践研究成果。
相融性	企业文化要与企业的经济环境、文化环境以及社区环境等相融合。
人本性	企业文化是一种以人为本的文化，注重全面发展，用愿景鼓舞人，用精神凝聚人，用机制激励人，用环境培育人。
整体性	企业文化是一个有机的统一整体，引导企业职工把个人奋斗目标融于企业整体目标之中，追求企业的整体优势和整体意志的实现。
创新性	企业文化随着企业环境和国内外市场的变化而改革发展，引导大家追求卓越，追求成效，追求创新。

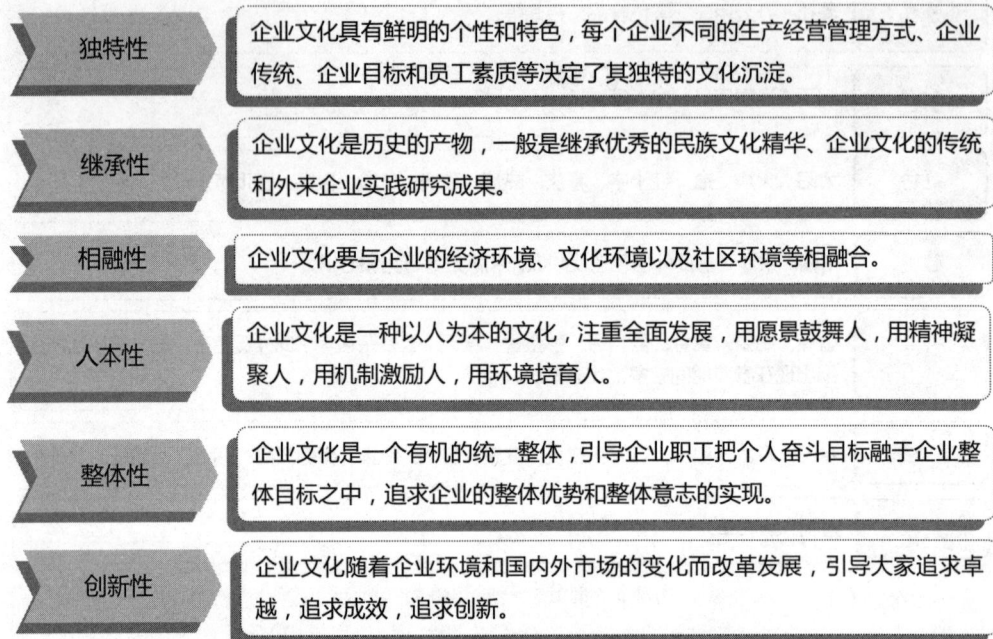

图 2-4　公司文化特征

（3）公司文化的功能

公司文化之所以存在，是因为它可以发挥一定的功效，具体情况如下。

● **导向辐射功能**：通过它对企业的领导者和职工起引导作用。一般体现在经营哲学和价值观念方面的指导以及企业目标的指引，在同样的环境下也会带动他人了解这样的公司文化，起到辐射效果。

● **约束调适功能**：通过完善管理制度和道德规范来实现，公司内部员工可以在这个过程中对自身情况进行调节来适应公司。

● **凝聚激励功能**：企业内部共同的价值观念形成共同的目标和理想，一荣俱荣，一损俱损。员工之间以及领导和员工之间相互激励帮助，和公司共同发展。

（4）公司文化的分类

公司文化有着不同的类型，根据不同的分类标准可以分为四大类，每种类型又有其子类型，如表 2-1 所示。

表2-1　公司文化的四大类型及其子类型

类型	子类型	特点
任务经营类	硬汉型	鼓励内部竞争和创新，鼓励冒险。竞争性较强、产品更新快
	努力工作尽情享受型	把工作与娱乐并重，鼓励职工完成风险较小的工作。竞争性不强、产品比较稳定
	赌注型	在周密分析基础上孤注一掷的特点。一般投资大、见效慢
	过程型	着眼于如何做，基本没有工作的反馈，职工难以衡量所做的工作。机关性较强、按部就班就可完成任务
状态作风类	活力型	重组织、追求革新，有明确的目标面向外部，左右逢源沟通良好，责任心强
	停滞型	急功近利无远大目标，带有利己倾向的自我保全，面向内部，行动迟缓，不负责任
	官僚型	例行公事，官样文章
性质规模类	温室型	这是传统国有企业特有的。对外部环境不感兴趣，缺乏冒险精神，缺乏激励和约束
	拾穗者型	中小型企业特有。战略随环境变动而转移，价值体系的基础是尊重领导人
	菜园型	力图维护在传统市场的统治地位，家长式经营，工作人员的激励处于较低水平
	大型种植型	大型企业特有。不断适应环境变化，工作人员的主动性、积极性受到激励
因素重视类	科层型	垄断市场中经营的公司所特有。非个性化的管理作风，金字塔式组织结构，注重对标准、规范和刻板程序的遵循，组织内部缺乏竞争，人们暗地里钩心斗角
	职业经理型	工作导向，有明确的标准和严格的奖惩制度，组织结构富于灵活性，内部竞争激烈
	技术型	技术专家掌权，家长式作风，着重依赖技术秘诀

2.2　公司的场所选择

　　了解了公司名称标志的设计原则、禁忌及公司文化的具体内容以后，我们就要给公司选择一个适合的环境场所作为办公地点，方便对从业者的集中管理和公司事务的及时传达。

2.2.1 如何选择公司所在地

公司的选址以交通便利、商务交流迅捷和商务服务完善为原则，一般选择商业圈或者邻近商业圈的写字楼。其中餐饮和服务行业选址条件最苛刻。新公司选址的一般过程，如图 2-5 所示。

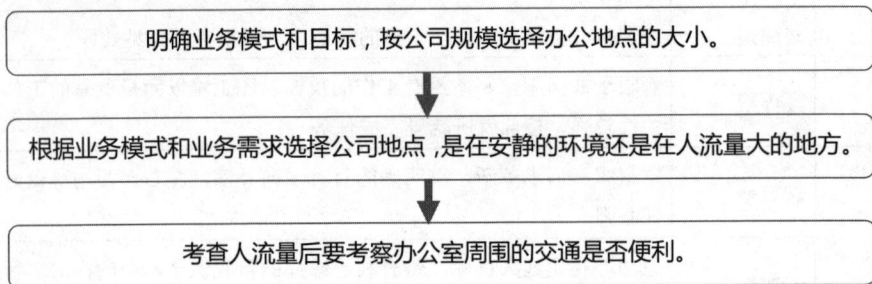

> 明确业务模式和目标，按公司规模选择办公地点的大小。

> 根据业务模式和业务需求选择公司地点，是在安静的环境还是在人流量大的地方。

> 考查人流量后要考察办公室周围的交通是否便利。

图 2-5　新公司选址一般过程

公司选址过程中会牵涉一些细节问题，比如办公场所使用期限、能够承受的场地租用成本、办公地的布局和便利设施等。有些时候看准了一个地方，其使用期限等问题都解决好了，但发现签租赁合同时的成本超过了预算。此时如果我们估计利润很快填补成本，那么可以考虑将场地租下来；但如果我们要经营的产品资金周转困难或者不能很快收获利润，那我们可以考虑放弃此地另寻他处。

一般来说，使用期限不合心意的都不会进入签合同环节，就无须纠结场地价格问题。

在租赁场地时要注意房主对场地是否有所有权，防止以后因为房屋问题发生法律纠纷，不过一般现在的公司租用办公场地都是在房地产物管处直接租赁，不会租用有原始房东的场地。

2.2.2 不同的公司有不同的场所布置

场所布置是场地内部的结构整理，不同类型的公司对工作环境的需求不同，不同规模的企业对公司办公场地的大小要求也不一样。而整个场所的布置也会根据需要有着明显的讲究。图 2-6 所示为一些不同类型公司的场所环境。

餐饮业	独特的餐饮体系有不可替代的独特之处，餐饮企业不需要过多地考虑店面位置，消费者会自动从其他地方到店面里来消费；但如果是竞争性的餐饮体系，提供的是和别家餐饮企业相同或相似的产品，那么就需要考虑地理位置的重要性，尽量选择人流量多的市区。
创作型	如写作、绘画、音乐制作等则需要一个安静的办公环境，一般公司或者工作室都选在环境清幽、人流较少的地方。因为所需要的办公场地不大，所以也有一些人把地址选在住宅区。
生产型	工厂以及农、林、牧业等需要有规模地加工产品的企业，一般都会把公司地址选在人口稀少的地方或者郊区，以免影响人们的生活。
娱乐业	当今社会娱乐业发展势头非常好，收入可观。例如 KTV 或者网吧随处可见。这类企业应该选在人流量很大、商业很繁华的地带经营，源源不断的客流量帮老板解决"今日不开张"的担忧。

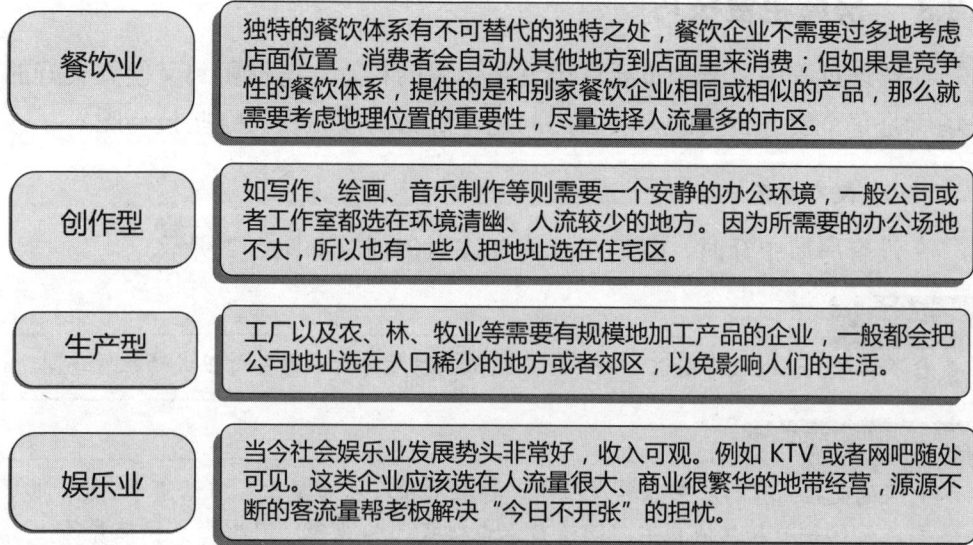

图 2-6　部分不同类型公司的场所环境

还有很多不同的公司类型场所选择的讲究，视具体情况而定。在选好场所以后，就要考虑场所的布置。要清楚知道在一栋大楼里，绝不会有两个完全一样面积的办公室。

很多公司的办公场所都是单独楼层，至于具体面积就看公司规模大小决定；还有一些房地产商特意将办公楼修筑成"楼中楼"的样式，这就看经营者的打算了，由喜好来决定。

很多企业都是根据部门来布置办公场所。每个部门的办公区域相互隔开，同一部门的人员在同一区域办公，也有可能一个部门需要一整层楼。而一些小公司所有办公场地都不需要一层楼，甚至只需要一间小房间那么大的地方。这些公司只设计管理人员的单独办公室，剩下的区域是所有员工的集体办公点。

根据企业文化类型，有些公司会在员工办公区域放置植物来调节工作气氛。还会有茶水间、独立的卫生间，也有休息区、会议室、培训室等有特殊用途的办公区域。还有些企业在办公区域挂一些画或者是企业的发展历程，以此来鼓舞员工士气，激励员工努力进步。

有时办公场所的布置完全是靠老板的意识来规划。有些老板喜欢创造家的氛围，所以公司的场所布置偏向温馨化；有些老板性格严肃认真，喜欢把工作的地方布置得严谨规矩；有些老板喜欢艺术，把办公室布置得有个性。

2.2.3　房屋租赁技巧

在选址过程中，一个重要环节就是房屋的租赁。怎样租到又便宜又好的办公场所是每个要开公司的人关心的问题，那么房屋租赁有哪些技巧呢？

（1）没有房屋中介

在没有房屋中介时，我们租房需要注意的问题如图 2-7 所示。

证件确认

查看不动产权证以及身份证，有不动产权证的房屋才有资格签订正式的租赁合同。

水电煤气等费用

水电煤的交接。有的房东账单没结清，要求出租人在房屋出租前结清水、电、暖、煤气（天然气）和其他费用。问清楚水电煤气、物业费、卫生费、宽带费等。

维修费

在租房前检查房屋的物品，如水龙头、灯泡、门窗、房顶、水管、地板和插座等是否有损坏，一般在合同中要约定好入住前的维修费和入住后的维修费该谁出。

合同中的要点

电器损坏是要赔偿的，老化不赔偿；租期是否是事先谈好的情况；收费情况；续约情况；提前中断合同的时候退还押金和是否支付违约金的情况（违约金的支付可以跟房东协商尽量少支付）。

其他

一般要求房东将房门钥匙全部给出，不能留备用钥匙在他处。

图 2-7　没有房屋中介时租房需注意的问题

（2）有房屋中介

现在租房子一般都有房屋中介（又称房地产中介），他们为消费市场提供了房地产评估、经纪、咨询等服务，一般是连接房主和租客的桥梁。房屋中介在为租客介绍房子时会收取一定的费用，不同的房屋中介公司收费标准不同。

那么在有房屋中介时，租房需要注意哪些问题呢？如图 2-8 所示。

证件确认

查看中介是否有工商部门批准的营业执照和市房管局审核颁发的资质证书等，避免遇到房屋中介骗子。

合同中的要点

必须注意中介公司是否与原房东签署了"房屋租赁代理合同"，合同中是否有原房东允许中介代办房屋租赁的手续及代收房租的条款；中介与原房东的合同期限和违约责任等要在合同中说明；合同中要有中介公司的盖章。

其他

要实地考察房屋环境，对中介口头承诺的事情要书面写清楚并签字；注意是"定金"而不是"订金"，两者法律意义不同。付款时要收取正规的服务业专用发票，票据要如实注明是"押金"、"租金"等，而不是"信息费"、"看房费"等杂费。

图 2-8　有房屋中介时租房需注意的问题

现实生活中，有些中介不和租客签订协议，只是开具相应的收费发票。但上述注意事项还是要认真对待，这是租客自己在权益受到侵害时索要赔偿的重要依据。

中介与房东的代理问题

有些中介为了赚取差价，只是把房屋承租下来，并没有告知原房东自己要溢价转租。原房东一旦发现房屋在自己事先不知情的情况下被转租，势必会要求收回房屋。这样消费者和中介签署的租房合同将变为无效，消费者最后只能先搬家再去追究中介的责任。

一般来说，租期越长选择越多。有些初创公司在签了 5 年租赁合同之后，结果第一年就发现场地无法满足自己的人员需求。所以公司创始人应该从多方面考虑，和房东谈一个更加灵活的租赁期限。

租房技巧实际上就是要注意上述问题，不要贪小便宜而中了骗局，做好中介和房主的身份确认，对自身租赁房屋的需求要有明确的打算，才能从源头避免纠纷。

2.3 制定公司的章程

公司章程是指公司依法制定的，规定公司名称、住所、经营范围、经营管理制度等重大事项的基本文件，也是公司必备的规定公司组织及活动基本规则的书面文件。

公司章程是股东一致意见，是公司的宪章。公司章程具有法定性、真实性、自治性和公开性的基本特征。公司章程与《公司法》一样，共同肩负调整公司活动的责任。

2.3.1 公司章程的重大意义

作为公司组织与行为的基本准则，公司章程对公司的成立及运营具有十分重要的意义。

- 公司的设立以订立公司章程开始，我国《公司法》明确规定，订立公司章程是设立公司的条件之一，没有公司章程，相关机关将不予批准和登记。

- 公司依公司章程享有各项权利并承担各项义务，符合公司章程的行为受国家法律保护；违反章程时，有关机关有权对其进行干预和处罚。

- 为投资者、债权人和第三人与该公司进行经济交往提供条件和资信依据，依法保护每一方的权益。

- 公司章程是公司的自制规范，比《公司法》更能反映公司的个性。

- 它既是公司成立的基础，也是公司赖以生存的灵魂。

2.3.2 公司章程需要具备哪些内容

公司章程内容就是公司章程的记载事项。根据是否由法律明确规定，分为必要记载事项和任意记载事项。按照法定的必要记载事项对公司章程效力的影响，还可将必要记载事项分为绝对必要记载事项和相对必要记载事项。

公司章程的记载事项在不同的国家、不同的公司中会有某些差异，但不外乎是以下3个方面：公司股东成员的权利与责任；公司的组织规则；公司的权力与行为规则。

（1）绝对必要记载事项

绝对必要记载事项是每个公司章程必须记载、不可缺少的法定事项，缺少其中任何一项或任何一项记载不合法，整个章程即视为无效。这些事项一般都是涉及公司根本性质的重大事项。在我国，绝对必要记载事项在有限公司和股份公司中有一些不同，具体内容如图2-9所示。

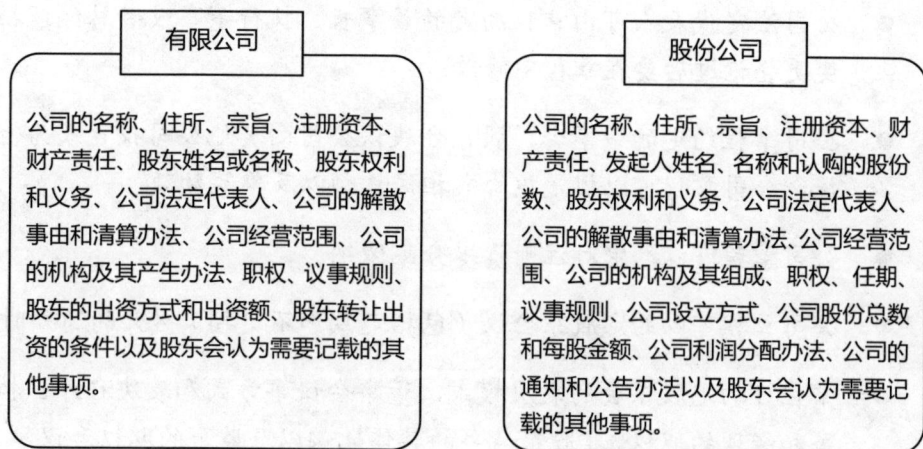

有限公司

公司的名称、住所、宗旨、注册资本、财产责任、股东姓名或名称、股东权利和义务、公司法定代表人、公司的解散事由和清算办法、公司经营范围、公司的机构及其产生办法、职权、议事规则、股东的出资方式和出资额、股东转让出资的条件以及股东会认为需要记载的其他事项。

股份公司

公司的名称、住所、宗旨、注册资本、财产责任、发起人姓名、名称和认购的股份数、股东权利和义务、公司法定代表人、公司的解散事由和清算办法、公司经营范围、公司的机构及其组成、职权、任期、议事规则、公司设立方式、公司股份总数和每股金额、公司利润分配办法、公司的通知和公告办法以及股东会认为需要记载的其他事项。

图2-9 绝对必要记载事项

（2）相对必要记载事项

相对必要记载事项是法律列举规定的一些事项，由章程制定人自行决定是否予以记载。如果予以记载，则该事项将发生法律效力；如果记载违法，则仅该事项无效；如果不予记载，也不影响整个章程的效力。

我国《公司法》没有规定具体的相对必要记载事项。

（3）任意记载事项

任意记载事项是指法律未予明确规定是否记载于章程，由章程制定人根据本公司实际情况任意选择记载的事项。任意记载的事项只要不违反法律规定、公共秩序和善良风俗，章程制定人就可根据实际需要载入公司章程。

任意记载事项如不予记载，不影响整个章程的效力；如果予以记载，则该事项将发生法律效力，公司及其股东必须遵照执行，不能任意变更；如果予以变更，也必须遵循修改章程的特别程序。

2.3.3 公司章程的自由约定和执行

公司章程的自由约定和执行是针对必要记载事项的具体内容而言。

● 公司的经营范围可以修改，进行变更登记后可对公司章程的经营范围部分做修改。

● 公司法定代表人可由章程约定的董事长、执行董事或者总经理担任，变更登记过后要在章程中修改。

● 公司章程约定的董事会、股东会决议公司向其他公司投资或为他人担保，公司章程可以规定投资或担保总额以及单笔数额。

● 公司章程可以约定对注册资本分期缴纳。

● 公司章程可以约定股东会议（包括定期和不定期）召开的通知时间。

● 章程可约定股东会的表决模式、董事会议事方式和表决程序、执行董事和经理的职权、非股东监事的具体比例以及监事的职权和议事方式。

● 章程约定董事长和副董事长的产生办法以及董事的任期。

● 章程可以在公司法允许的范围内约定公司股权转让方式和程序以及对股份公司董事、监事和高级管理人员所持股份的转让做出限制。

● 章程约定死亡后的继承问题。

● 章程可约定创设累积投票制，也可约定股份公司不按所持股份分红。

● 章程约定公司解散条件。

● 约定承办公司审计业务的会计事务所的聘用和解聘。

还有其他一些在公司法允许范围内股东会决议要求可以约定的事项。具体的执行就是根据约定的内容各司其职、各就其位。

2.3.4 中小型公司的章程模板

中小型公司的章程模板包括数章内容，具体情况如图 2-10 所示。

_____公司章程

为了规范公司的组织和行为，维护公司、股东、债权人的权益，依据《中华人民共和国公司法》（以下简称《公司法》）和《中华人民共和国公司登记管理条例》（以下简称《公司条例》）及其他有关法律、行政法规的规定，由__、___共同出资设立__公司（以下简称"公司"），特制定本章程。

第一章 公司名称和住所

第一条 公司名称：_____

第二条 公司住所：_____

第二章 公司经营范围

第三条 经营范围：

_____

_____

第三章 公司注册资本

第四条 公司注册资本：_____ 实收资本：_____

公司增加或减少注册资本，必须召开股东会并由三分之二以上股东通过并做出决议。公司减少注册资本，还应当自做出决议之日起十日内通知债权人，并于三十日内在报纸上公告。自公告之日起四十五日后申请变更登记，公司变更注册资本应依法向登记机关办理变更登记手续。公司减资后的注册资本不得低于法定的最低限额。

第四章 股东的名称、出资方式、出资额和出资时间

第五条 股东的姓名、出资方式及出资额如下：

股东名称	身份证号码	认缴额	实缴额	出资方式	出资比例	出资时间

第六条 公司成立后，应向股东签发出资证明书。

第七条 全体股东的货币出资额不得低于有限责任公司注册资本的百分之三十，股东首次出资是非货币财产的，应当在公司设立登记时提交已办理其财产权转移手续的证明文件。公司全体股东的首次出资额不得低于注册资本的百分之二十，也不得低于法定的注册资本最低限额，其余部分由股东自公司成立之日起两年内缴足。

第五章 股东的权利和义务

第八条 股东享有如下权利：

(1)×××××××××××××××××××××××××；

(2)×××××；

(3)×××××××××；

......

第九条 股东承担以下义务：

(1)×××××××××××××××××××××××；

(2)×××××；

(3)×××××××××；

......

图 2-10 中小型公司章程模板

第六章　股东转让出资

第十三条　有下列情形之一的,对股东会该项决议投反对票的股东可以请求公司按照合理的价格收购其股权:

(1)××××××××××××××××××××;

(2)×××××;

(3)×××××××××;

......

第七章　公司的机构及其产生办法、职权、议事规则

第十五条　股东会由全体股东组成,是公司的权力机构,行使下列职权:

(1)×××××××××××××××××;

(2)×××××;

(3)×××××××××;

对前款所列事项股东以书面形式一致表示同意的,可以不召开股东会议。直接做出决定,并由全体股东在决定文件上签名、盖章。

......

第八章　财务、会计、利润分配及劳动用工制度

......

第九章　公司的解散事由与清算办法

......

第十章　股东认为需要规定的其他事项

......

全体股东签字（盖章）:

___年___月___日

图2-10　中小型公司章程模板（续）

2.4　开办公司前需要的费用

　　在开办公司前需要费用来支持公司以后的运营,没有资金,开办公司就是空话。场地的租赁就需要费用,其他还有很多费用需要我们考虑,比如申办公司各个环节的费用、硬件投入等费用。

2.4.1 申办公司时的费用

申办公司的过程中，很多环节都需要资金的支持。这些费用也可以说是公司成立的前期准备金。还有不计入固定资产和无形资产的汇兑损益与利息等。那么，申办公司时大致需要花费哪些费用呢？

（1）各种证件办理的手续费

到工商局办理"企业（字号）名称预先核准通知书"、到会计师事务所办理验资报告、到工商局办理营业执照、去银行开办基本户时有验资账户费用和购买密码器费用、去会计事务所办理验资报告、办理税务登记、税务登记时聘请会计费用、公证费以及刻私章费用。

（2）印花税

签订好租房合同以后要到税务局买印花税，按年租金的 1‰税率购买。如果租用办公场地年租金 1 万元，那么印花税就是 10000×1‰=10 元。我们就需要买 10 元的印花税贴在房租合同首页，后续过程凡是用到房租合同的，都是贴了印花税的房租合同复印件。

（3）筹建人员开支

员工开支费在前期一般是指工资性的员工工资、奖金、领导层的技术研讨资金、各项社会保险以及新员工的培训资金。

（4）应急准备金

公司需要另外准备一笔资金为突发事件的发生做好准备，一般我们称之为应急资金。

（5）办公场地装修资金

办公场地装修资金包括水电线路改造、油漆涂料、地板地砖、五金材料、灯具、防盗门以及大小装饰品。

（6）其他杂费

在公司开办前期一般会调查市场，产生咨询调查费；跑业务与客户和服务商家联系，产生交际应酬费；工作的进行会用到很多文件资料，产生文件印刷费；开业酬宾之类的宣传费和开工典礼费，以及在筹备开办新公司过程中所有的通信费、交通费等。

2.4.2　前期硬件投入

广义的硬件一般指具体的实物，不仅仅是计算机硬件的简称。开办公司前期需要投入的硬件有很多。一般情况下都有实体办公室、办公桌椅、计算机和其他所需要的实物。

不同行业需要投入的硬件设施有很大的差别，部分行业具体情况如表 2-2所示。

表 2-2　部分行业硬件投入情况

行业	硬件投入
机构组织	办公桌椅、计算机、复印机、打印机等
医药卫生	检查设备、药品、货架、计算机等
冶金矿产	冶金设备、挖掘设备、相关机电产品、库房、实验室等
水利水电	水利水电设备、机房、实验室、库房等
信息产业	计算机、办公桌椅、复印机、打印机等
机械机电	五金工具、实验室、库房等
轻工食品	库存室、办公桌椅、原料加工设备等
服装纺织	服装制作的原材料、纺织工具、修剪工具、染色工具、库房等

同种行业的公司规模各不相同，要根据个体需要购置操办硬件，做到资源整合不浪费。一般文职类的企业购置办公桌椅、计算机和复（打）印机比较常见，而销售类和生产类的企业购置设备比较多。

需要注意的是，现在很多诸如保险业和金融投资业中的电话销售是室内工作，和文职工作一样，需要置办的硬件里面一般都包括办公桌椅、计算机和电话等。

2.4.3　开办公司花费的实际案例

开办公司的花费涉及方方面面，为了能够更好地了解开办公司具体的花费情况，我们来看一下具体的案例。

【开办公司的花费情况】

A 市张先生和朋友一起决定开一家投资公司，这其中的花费情况如下：

张先生首先去工商局将想好的公司名称做预先核准申请，对名称进行查重，这其中要注意，如果是很常见的名称，就不需要查重了。预先核准通过后，领取到一张"企业（字号）预先核准通知书"。

接着张先生去专门的写字楼租用办公室，花了年租金 4.8 万元。又带着租房合同去税务局按年租金的 1‰ 买了 48 元的印花税，并贴在租房合同首页。而后编写公司章程，股东签名，印刷文件。

张先生又带着相关文件资料到工商局填写设立登记的各种表格，连同公司章程、核名通知、房租合同和不动产权证复印件一起提交给工商局，被告知 3 个工作日后就到工商局领取营业执照，还被告知在 30 日内要到税务局办理税务登记。

3 日后张先生到工商局领取营业执照，之后就到公安局指定的刻章社刻公章、财务章和法人章（方形的），花费了 300 元，接着张先生带着身份证原件至工商部门签字认定。

张先生去了银行办理基本户，这个环节最好把营业执照正本原件、身份证、公章、财务章和法人章一起带上。在开基本户时张先生购置了一个密码器，花费 30 元。

然后张先生去了税务局办理税务登记，在此之前他雇佣了一个兼职会计（税务登记时需要会计资历证和身份证），花费 200 元。因为张先生的投资公司属于销售性质，所以要到国税申请发票。

最后这些法律程序走完后，张先生和其朋友开始筹备其办公室的装修、从业人员的招聘、公司的宣传以及公司的营业等，总共花费 7 万元。对员工的培训和业务拓展花费 1.5 万元左右，还和朋友一起准备了应急金 10 万元。

总共花费金额=48 000+48+300+30+200+70 000+15 000+100 000

=233 578（元）

所以连同准备金，张先生和他的朋友共花费 23 万多开办新公司。

当然，不同地区、不同城市，相关办证手续和刻章等需要花费的手续费和工本费是不同的，开办人要根据实际情况进行核算统计。

2.5 合伙开中小型公司的要点

合伙开公司涉及投资人之间的利益问题是最常见的，不管是小型公司还是中小型公司都有其合伙的要点。本节讲述合伙开中小型公司的要点，主要是财务分清、职责分工、彼此信任和多多沟通。其中包括股份分配的确定和权利归属的确定。

2.5.1 确定股份分配

首先明确中小型公司中可分为有限公司和股份公司，两者的股份分配有所不同。有限公司的股份可以不是等额的，一般以协议确定的出资比例出资，进而确定股份分配。下面来看一下不同公司股份分配的情况。

【有限公司的股份分配】

李先生和好友以及好友的朋友一起开了一家中小型的有限责任公司，具体情况是：李先生没有投资资金，但李先生有很多客户资源和很多年的相关经验，而李先生的好友可以给公司投资50万元的资金，但是不懂技术，不负责管理。好友的朋友将自己价值15万元的车作为股份投入参与公司管理。

此时公司所占的股份以出资为准，李先生可以点技术股份，李先生的好友可以点优先股，好友的朋友可以点管理股。

其中，李先生好友的优先股不能参与公司股东会的选举及被选举，一般来说也没有公司经营的参与权，不能退股，只能通过优先股的赎回条款被公司赎回，是能稳定分红的股份。

好友的朋友用车入股后如果公司倒闭，车将不能要回。分红时3人按照当初的出资方式和比例进行。

【股份公司的股份分配】

刘女士和她的两个好姐妹决定共同投资建立一家股份公司。刘女士和姐妹A都提供资金50万元，姐妹B向公司投入技术、品牌，3人共同开拓市场。因为股份公司是等额股份，所以3人可在公司章程中规定平均每人的股份。

如果是前期3人将公司全部股份平均分完进行管理，到了后期如果上市要发行股票，就可以重新整理股份，3人拥有自己的等额股份以后剩下的股份可以通过募集设立的方式向社会招股，然后根据实际情况点不同性质的股份。

2.5.2　确定权利归属

给公司做了投资就成为公司的股东或者是投资人，对公司的经营和其他方面享有相应的权利。不同性质的投资享有的权利性质也不一样。权利的归属问题就是解决公司运营分工问题。

首先要明确各自要做的或者负责的事情，然后通过具体的岗位性质明确享有什么权利。而大体上股东享有的权利如图 2-11 所示。

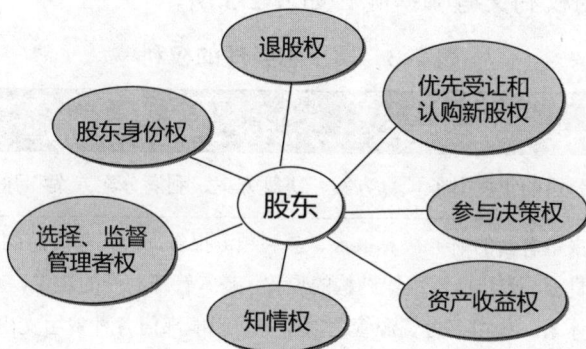

图 2-11　属于股东的权利

股东和董事是一种特殊的委托人和代理人的关系。董事是控制公司的人，也是监督决策执行的人。董事行使权利必须在公司章程规定的范围内或者要在股东会批准的情况下，具体如图 2-12 所示。

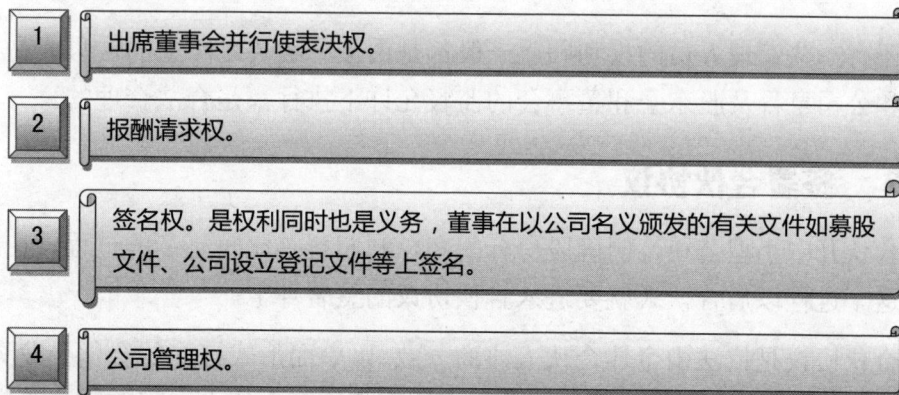

1	出席董事会并行使表决权。
2	报酬请求权。
3	签名权。是权利同时也是义务，董事在以公司名义颁发的有关文件如募股文件、公司设立登记文件等上签名。
4	公司管理权。

图 2-12　属于董事的权利

| 5 | 公司章程规定的其他职权。 |

| 6 | 法律赋予董事自由运用源于公司章程细则的权力。 |

图 2-12 属于董事的权利（续）

要明确，股东可以是董事，所以如果既是公司的股东又是公司的董事的人，可以享受股东和董事相应的所有权利。

那么总经理的权利又有哪些呢？如表 2-3 所示。

表 2-3 属于总经理的权利

权利	具体内容
方案拟定权	拟订公司的年度财务预算方案、决算方案、利润分配方案和弥补亏损方案
审批权	对上报董事会的财务决算报告、盈利预测报告，公司年度总的质量、生产、经营、方针目标，公司内部组织结构的设置，基本管理制度的制定，建立和改进公司经营管理体系、公司人力资源管理以及公司职能部门各种费用支出和各分厂/分公司固定资产购置等有审批权
聘任、解聘权	有权向董事会提请聘任或者解聘公司副总经理、总经济师、总会计师及其他高级管理人员；有权聘任或解聘董事会任免以外的公司管理人员
建议权	对公司重大技术改造和项目投资有建议权

还有一些管理人员的权利归属一般都是由上下级关系产生的，只要是在公司法和公司章程及股东会和董事会的监督允许下执行都是合法合理的。

2.5.3 签署合伙协议

合伙开中小型公司，明确股份分配和权利归属是比较复杂的过程，在认真完成这个过程以后合伙人就要进入合伙协议的签署环节。

合伙协议是依法由全体合伙人协商一致、以书面形式订立的合伙企业契约。我国有《中华人民共和国合伙企业法》来约束和规范合伙人之间的利益等问题。

合伙协议中的合伙人按照协议各自提供资金、实物和技术等，共同经营、共同劳动、共担风险以及共负盈亏。

它明确指出订立合伙协议和设立合伙企业应当遵循自愿、平等、公平和诚实信用原则。合伙协议的签署也有我们必须注意的问题。

- 合伙协议并不是一个必备的法律文件，可以不用约定，但建议还是签署合伙协议比较妥当。

- 合伙协议的约束力相对公司章程来说比较窄，有参与才有约束，所以这是股东之间的一种任意性的合同，但不能约束协议外的当事人。

- 先有合伙协议，再有公司章程。公司章程是有备案的，在工商局可以对外查询。而合伙协议是内部协议，不可对外披露。但是如果先交了公司章程才签订了合伙协议，那么按照生效时间前后来解决。

- 合伙须两个及两个以上的公民，合伙是按合伙合同联合起来的经济单位，合伙人必须共同出资、经营、劳动和承担风险。

未订立书面协议

当事人未订立书面协议，但具备合伙条件，又有两个以上无利害关系人证明有口头协议的，人民法院可以认定其具有合伙关系。

（1）合伙协议的建议条款

合伙协议的建议条款的内容：合作背景的阐述、创业项目的概述、出资方式和期限、股权比例、分工、盈亏承担、薪资、财务、决策和表决、股权的成熟条款、股权的调整、股权稀释、创业项目的保护、竞业限制、股权转让、引进新的合伙人以及清算等。

（2）合伙协议的模板

合伙协议的一般模板如图 2-13 所示。合伙协议不全是两方，还可能是多个合伙人，根据具体情况拟定协议。

合伙合同

甲方：_____

乙方：_____，性别___，年龄___，身份证号码_____，

住址_____。

第一条　合伙目的

××××××××××××××××××

第二条　合伙方式及盈余分配

×××××××××××××××××××××××××

第三条　入伙、退伙

1. 入伙：①需承认本合同；②需经全体合伙人同意；③执行合同规定的权利义务。

2. 退伙：①需有正当理由方可退伙；②不得在合伙不利时退伙……

第四条　合伙人的权利和义务

1. 合伙人的权利：①参予合伙事业的管理；②共同决定合伙重大事项……

2. 合伙人的义务：①自觉维护公司利益；②为公司的发展壮大献计献策……

第五条　合伙规则

1. 甲方授权乙方为总经理兼首席执行官，在公司董事会的监督下负责公司全面事务，乙方不得做出对公司利益有重大损害的行为。

2. 禁止私自以合伙名义进行业务活动。

……

第六条　问题的解决

××××××××××××××××××××××××

第七条　本合同如有未尽事宜，应由合伙人集体讨论补充或修改。补充和修改的内容与本合同具有同等效力。

第八条　本合同一式两份，甲、乙双方各执一份，经甲、乙双方共同签字盖章后生效。

甲方签字盖章：_____

乙方签字盖章：_____

_____年___月___日

图 2-13　合伙协议的一般模板

【前车之鉴：只要用心做事，白手也能起家】

【红星美凯龙集团股份有限公司董事长兼 CEO：车建新】

1966 年，车建新出生在江苏省常州市的一个普通家庭，17 岁便离开学校，先是到一个工地上给人做饭，一年后开始学做木工。

这个勤快的年轻人很快就深得师傅的喜爱，也愿意传授技艺给他。两年后，还没满师的他就开始边学手艺边收学徒了。

在打工的生活中，车建新吃尽了苦头，艰难的生活让他领悟到给别人打工永远没有出头的日子。

于是，在 1986 年，车建新从亲属那里借了 600 元创办了手工作坊，从此便开始了自己的创业之路。

车建新秉承"比别人做得更好一点"的做人做事态度，经过不断的奋斗，其事业也在不断地发展壮大。

- 1987 年，创办了青龙木器厂。

- 1988 年，创办了第一个家具门市部。

- 1991 年，成立常州红星家具城，成为当时常州市及周边地区的第一家大型家具专营商场。

- 从 1992 年 12 月至 1996 年，在沪宁一线创办了南京、无锡、苏州、南通、扬州、镇江等近 20 家红星家具城。并在 1994 年 8 月成立了江苏省第一家家具企业集团——常州红星美凯龙家居集团。

- 1997 年 1 月至 1998 年 12 月，常州、南京、无锡、扬州红星分别扩建为 5 万平方米和 3 万平方米的大市场。

- 2000 年，红星美凯龙国际家具广场在北京开业。

- 2012 年，红星美凯龙商户销售总额突破 500 亿元。

- 截至 2013 年年底，已在北京、上海、天津、南京、长沙、重庆、成都等 90 座城市开办了 130 家商场。

● 2014年，红星美凯龙20亿元收购吉盛伟邦。

这个从600元起家，到手握资产数百亿的商界大佬，其成功的最大秘诀就是：用心做事。

【**前车之鉴**：车建新在总结自己和红星美凯龙的成功之道时说："我做事的诀窍就是比别人做得更好一点，追求更完美、更精致，从而培养了自己的自信，积累了成就。要把每个细节做好，刚开始可能要比别人多花30%甚至一倍的精力，但后来就可以事半功倍。"】

第3章

中小公司的工商登记

在第 2 章中，我们已经了解到开设公司前期应做的准备工作，也掌握了中小企业的开设要点，在此基础上，我们将在本章中进一步了解中小企业工商登记的实际内容。

工商注册前的准备工作
注册一家公司的方法
公司的审核
公司的商标注册
代理注册
认识各类开公司必备的证照

3.1 工商注册前的准备工作

做好开设公司的前期准备工作，并不意味着公司成立了，只有完成最后一道手续——工商注册，才代表公司的正式成立，这也是保证公司属于合法经营的根本依据。

既是如此重要的环节，那么在注册之前，又有什么事项是需要提前准备的呢？在接下来的各小节中，我们将就此进行具体介绍。

3.1.1 工商注册需要准备哪些资料

公司要进行工商注册，首先应按规定向有关部门提供必须的资料，经审核合格并颁发相关证照后，就算注册成功了。

一般来说，工商注册时所需要准备的资料具体如图 3-1 所示。

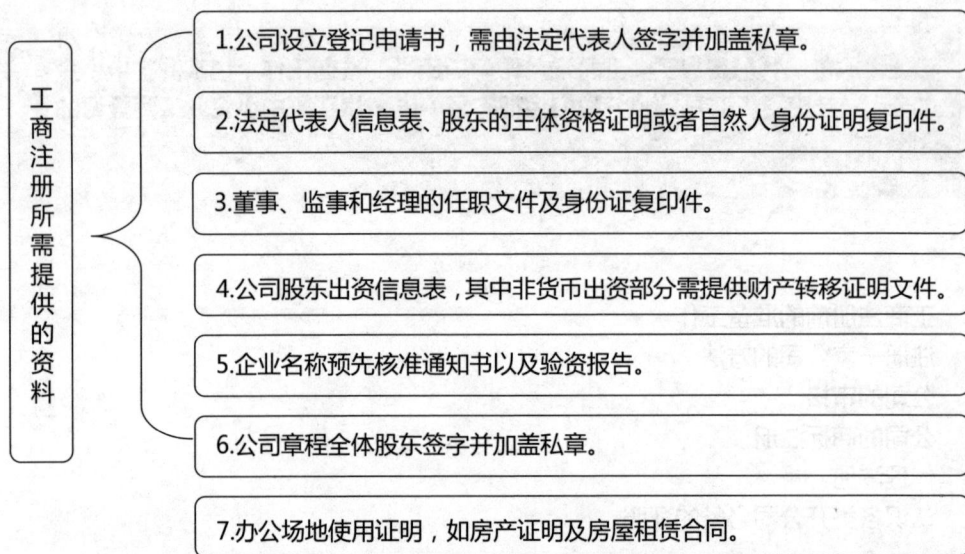

```
                  ┌─ 1.公司设立登记申请书，需由法定代表人签字并加盖私章。

                  ├─ 2.法定代表人信息表、股东的主体资格证明或者自然人身份证明复印件。

工                ├─ 3.董事、监事和经理的任职文件及身份证复印件。
商
注
册                ├─ 4.公司股东出资信息表，其中非货币出资部分需提供财产转移证明文件。
所
需
提                ├─ 5.企业名称预先核准通知书以及验资报告。
供
的
资                ├─ 6.公司章程全体股东签字并加盖私章。
料
                  └─ 7.办公场地使用证明，如房产证明及房屋租赁合同。
```

图 3-1 工商注册所需资料

若是委托代理注册，还需提供指定代表或者共同委托代理人的证明，并由法定代表人签字及加盖私章。

根据开设公司的规模和性质不同，所需提供的资料也会有所不同，这里无法逐一列举说明，只能给出工商注册常需的基本资料，有关部门另行规定的其他资料，还需按要求如实提供。

3.1.2　注册一家公司需要的费用

注册费用是开设公司必然会发生的财务支出。一般情况下，公司注册费用是由工商、税务等行政费用、刻章费用、银行开户费、注册代理费以及注册地址费等构成的。

注册费用的多少与公司自身情况有关。各类型公司注册费用的区别及各类费用的构成如下所述。

（1）公司注册费用构成

注册公司的费用主要由5个部分构成，其中大部分的费用都是固定不变的，只有工商登记费及验资报告费用与注册公司自身的资本多少有关系。具体情况如下。

● **政府行政费用**：办理营业执照的费用。

● **行业许可证相关费用**：公司经营范围涉及特殊，在办理注册之前需办理行业审批许可证。如化妆品销售行业需要办理《卫生许可证》，许可证的办理不收费，但进行的卫生指标检测等有偿服务需要支付费用。

● **银行开户费用**：公司注册办理完毕后，还需开设公司基本账户，不同银行或同一银行的不同营业点收取的开户及征询函费用可能存在差异。

● **刻章费用**：注册公司需刻制股东印章、法定代表人印章、财务章以及公章。

● **其他费用**：委托代理公司办理公司注册，代理公司会收取代理服务费。

因为实行认缴制的注册公司不需要办理验资手续，所以不会发生开立验资户及出具验资报告的费用。

注册费用的支出没有一个标准值，而是在一定范围内正常浮动，但总体而言，费用额度都不会太高。

（2）不同类型公司注册费用的区别

不同类型的公司在注册费用支出上有所不同，这不仅仅表现在费用金额上，也表现在费用项目上。这里列举如下两种情况供参考。

● 外资公司注册费用比内资公司注册费用高。外资公司注册审批环节较多，因此在行政审批部门收取的费用要比内资企业多。此外，外资企业注册需委托代理机构办理的，在企业注册登记代理服务费上也会被收取更多的服务费。

● 进出口公司注册费用。进出口公司的注册登记与普通公司一样，但其在注册完毕后，还需办理进出口备案手续（包括海关、电子口岸、外汇以及出口退税等），这样才算是有进出口自营权的外贸公司。

3.2 注册一家公司的方法

注册公司的方法有两种，一是委托代理公司注册，二是公司发起人自己亲自去办理。委托注册后，公司发起人不需凡事亲力亲为，避免了很多烦琐的程序，但需支付一定的服务费用，而发起人自己办理则会节省这笔支出，但会花费更多的时间。

两种方式各有特点，具体选择哪一种，公司发起人应依据自身情况做出合理选择。

3.2.1 申请公司的具体流程

按照要求准备好注册所需的资料以后，我们就可以开始办理注册的相关事宜。实际办理流程如图 3-2 所示。

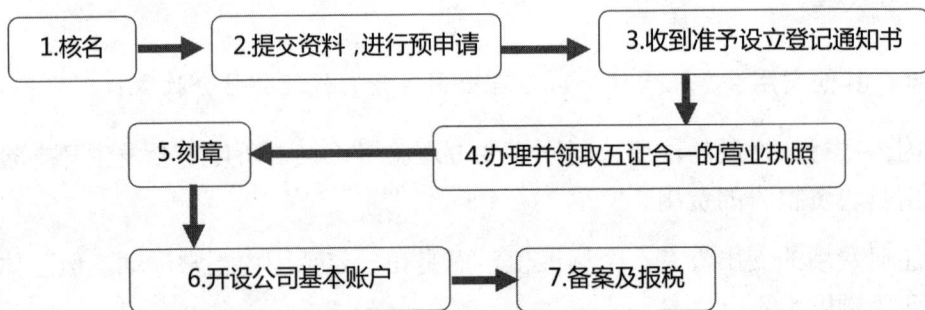

图 3-2 工商注册流程

其中需要注意的是，在办理税务登记时，需要有会计人员随同，因为税务局要求提交的资料中有一项是会计资格证和身份证。其他各项只要按照规定到各受理机构如实提供资料并按程序办理相关事宜，即可顺利完成公司的注册。

不同的机构负责受理的事项也不相同，这里对各机构的管理范围做出简单的介绍说明。大致情况如图3-3所示。

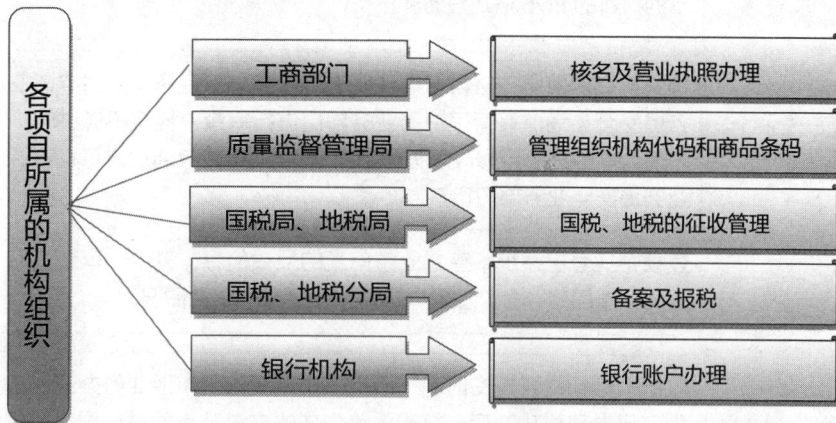

图3-3　各机构受理项目

3.2.2　工商登记与取照

工商登记是政府在对申请人进入市场条件审查的基础上，通过注册登记确认申请者从事市场经营活动的资格，使其获得实际经营权的所有行为的总称。公司只有在完成相关登记后才可以进行一系列商业活动。

早在2013年，国务院机构改革和职能转变方案中就提出了工商登记制度的改革，将"先证后照"改为"先照后证"，将注册资本实缴登记制改为认缴登记制，并放宽了工商登记的其他条件。

工商登记的办理可以在网上直接进行，不需要专程去工商局处理。公司登记网上注册申请操作的具体步骤如图3-4所示。

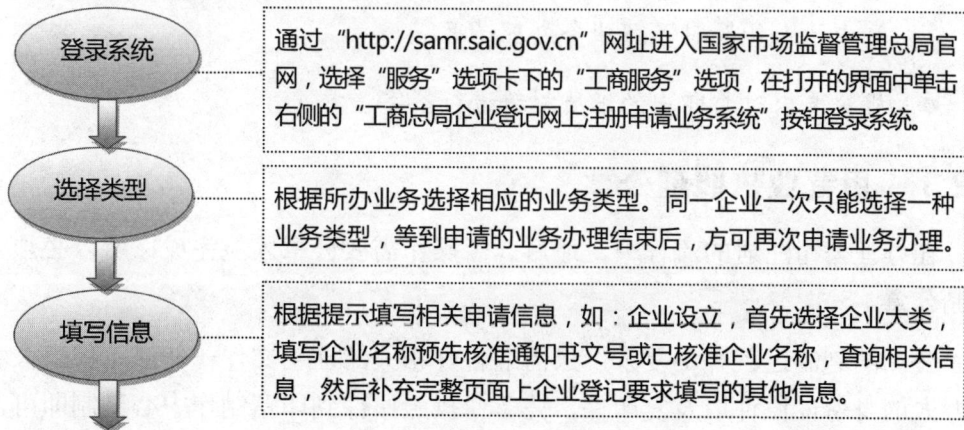

登录系统	通过"http://samr.saic.gov.cn"网址进入国家市场监督管理总局官网，选择"服务"选项卡下的"工商服务"选项，在打开的界面中单击右侧的"工商总局企业登记网上注册申请业务系统"按钮登录系统。
选择类型	根据所办业务选择相应的业务类型。同一企业一次只能选择一种业务类型，等到申请的业务办理结束后，方可再次申请业务办理。
填写信息	根据提示填写相关申请信息，如：企业设立，首先选择企业大类，填写企业名称预先核准通知书文号或已核准企业名称，查询相关信息，然后补充完整页面上企业登记要求填写的其他信息。

图3-4　网上工商登记流程

上传文件	选择所需提交的文件目录，根据目录显示对应上传的已经签字或盖章的材料的 PDF 格式扫描件。
检查提交	预览提交的信息和材料，确认后进行检查，检查通过后将申请业务提交至市场监督管理总局业务部门进行审查。检查不通过的，申请人需根据提示修改填报信息，直至业务检查通过方可将申请业务提交至业务部门审查。
查看反馈	登录企业登记系统，查看业务审查的反馈信息。其中，审查意见分为"退回修改"、"驳回"以及"拟同意"3 种情况。
现场交件	收到"预约材料提交时间"手机信息或查询到申请业务办理状态为"已办理成功"后，打印系统生成的文书及其他材料到现场按规定提交。
领取执照	纸质材料被审查同意后，领取核准通知书、纸质营业执照及电子营业执照。

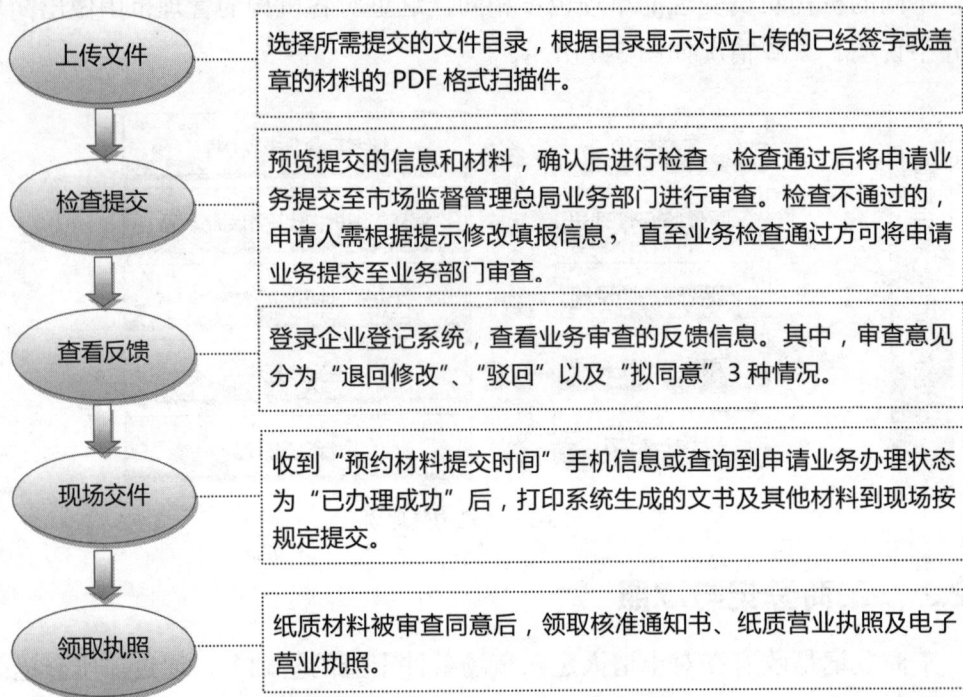

图 3-4　网上工商登记流程（续）

在网上进行公司注册操作的过程中，有如下几点需要注意的问题。

● 持有电子营业执照的企业，选择"电子证书登录"方式登录系统。没有电子营业执照的企业，选择"普通登录"方式登录系统。

● 在系统中填写的信息必须真实有效，以保证通过系统打印出的文书内容无误。填写的手机号应具有接收短信的功能并保持手机畅通，以保证申请人能及时了解业务办理情况。

● 根据要求对打印出的纸质材料进行签字盖章。

3.2.3　用营业执照刻公章

在办理公司注册的流程中，最后 5 步操作需要公章才能完成，所以必须先刻制公章。

公章的刻制过程并不复杂，只需准备好相关的证明文件——法定代表人和经办人的身份证原件以及复印件，凭营业执照原件到印章制作中心刻制即可，只是在此过程中需要注意一些不容忽视的问题，具体情况如下。

● 公章上的公司名称必须和营业执照上的名称保持一致，否则该公章将被视作无效。

● 必须到公安局指定的符合资格的指定点刻制公章，不可以随便找一家刻章店刻制，否则很有可能被认为是私刻公章，从而产生诸多不必要的麻烦，甚至法律问题。

财务章、公章的使用方法

通常财务章和法人章是一起用的，比如公司在银行开立账户时会预留法人章和财务章的印鉴，将来进行办理如支票、取现金、电汇等业务时会用来折叠核对。

公章一般对外是有法律效力，比如开具公司的合同、证明等文件时将使用公章。

3.2.4　关于律师征询函

律师征询函是律师函的一种，属于非诉讼业务范围，不具备任何法律效力，主要用于了解和询问有关法律事项时使用。

律师使用律师征询函的目的在于以法律尺度和律师的判断，向送达对象传达委托人意见、陈述法律事实并告知其中的利弊得失，从而使送达对象明确自己的"法律意见"。律师征询函的本质是委托人进行意思表示的法律行为，对于诉讼人维护自身合法权益有重要作用。常用的律师征询函的样式如图3-5所示。

致：×××

____律师事务所接受当事人____的委托，指派____律师担任____案件的代理人。

据____工作人员向本律师陈述：贵单位即将完成的大楼工程（即党政机关办公楼）豪华两翼旋转门安装工程是由郑州××门业商行承揽，旋转门供应商是杭州××有限公司。

上述陈述是否属实？请答复。

____律师事务所

执业律师：

____年____月____日

图 3-5　律师征询函样式

3.3　公司的审核

新注册公司向工商行政管理局提交申请材料后，工作人员会根据提交的材料，进行必要项目的审查核计，来判断是否符合受理条件，从而决定是否受理和继续。下面介绍一些关于新公司审核的相关知识，帮助公司知道哪些需要审核，哪些不需要审核以及审核的相应标准等。

3.3.1　新公司审核的具体内容

在受理机构同意受理注册事宜后就会进行初步的审核。负责审核的工作人员主要从 4 个方面开展工作，这些方面同时也是公司申请人应注意的问题，具体内容如图 3-6 所示。

审查股东是否具备投资资格

有限责任公司的股东既可以是法人股东，也可以是自然人股东。法人作为股东时，主要审查公司的投资资格及组织的合法性。如各级党政机关、政府的工商行政管理、审计、税务、海关、土地管理以及技术监督等部门就不能担任股东。另外，公司法人作为股东时，除国务院规定的投资公司或控股公司外，公司的累计投资不能超过公司净资产的 50%。自然人当股东时，应审查其是否具有民事行为能力，重点审查其有没有投资能力。

审查公司章程

审核公司章程是否符合《公司法》规定的公司章程必备条款要求。审核公司章程规定的内容是否符合国家法律和行政法规的规定，不符合国家规定时，审查人员有权要求公司予以更正。有限责任公司章程由全体股东共同制定，并且股东需要在章程上签名盖章。

审查公司组织机构

在公司机构设置方面，需要注意两个问题。
1.董事会或监事会的人数应该按规定设立，多于或少于规定人数都是不符合要求的。组成董事会或监事会的人数一般为奇数。
2.有限责任公司的法定代表人是董事长（或执行董事）。

审查公司的登记事项是否符合规定

1.名称的核准。有限责任公司只准使用一个名称。
2.地址的审核。遵循公司地址只有一个的原则，比如北京和上海的两家公司共同投资成立了一个新公司，而主要办事机构设在上海，那么公司地址就应该是上海。
3.注册资本以及企业经营范围是否符合法律规定的审核。

图 3-6　新公司审核内容

这里对审查公司组织机构方面的第二点进行补充说明。有下列情形之一的人，不得担任公司的董事、监事或经理。

● 无民事行为能力或者限制民事行为能力者。

- 因犯有贪污、贿赂、侵占财产、挪用财产罪或者破坏社会经济秩序罪，被判处刑罚，执行期满未逾 5 年者。因犯罪被剥夺政治权利，执行期满未逾 5 年者。

- 因经营不善而破产清算的公司董事、经理或者厂长，并对该公司的破产负有个人责任，自破产清算完结之日起未逾 3 年者。

- 担任因违法被吊销营业执照的公司的法定代表人并负有个人责任，自被吊销营业执照之日起未逾 3 年者。

- 个人负债额度较大者。

另外，国家公务员不得兼任公司的董事、监事或经理（国家公务员是指在政府中行使国家行政权力及执行国家公务的人员）。

3.3.2　哪些行业不需要进行审核

每个行业都有自己独有的经营范围，其范围常分为许可经营项目和一般经营项目。许可经营项目是指企业在申请登记前根据法律、行政法规以及国务院规定的应当上报有关部门批准的项目，即是需要办理前、后置许可证的项目。一般经营项目是指无须批准，企业可以自主申请的项目。

无须行政许可的一般经营项目常见于以下几类。

- **培训类**：计算机技术培训、音乐培训、舞蹈培训和美术培训。

- **网络科技类**：技术推广及服务、软件设计、应用软件服务以及计算机图文设计。

- **咨询服务类**：翻译服务、商务服务、经济贸易咨询、企业管理咨询、投资咨询、教育咨询（不含出国留学及中介服务）、承办展览展示及会议服务。

- **物流类**：仓储服务和货运代理。

- **文化类**：组织文化艺术交流活动（不含演出）和影视策划。

- **广告类**：设计、制作、代理及发布广告。

- **销售类**：销售机械设备、五金交电、电子产品、化工产品（不含化学危险品）、服装鞋帽、工艺品、建材以及办公用品。

以上仅是提供的部分参考意见，实际无须审核的经营范围请依据《中华人民共和国 GB 行业标准》以及与公司登记相关的法律法规确定。

3.3.3 不同行业的审核标准

不同行业都具有不同的特点，所以在对行业进行审核时，其审核标准也会不一样。我们以钢铁清洁生产行业（仅包括钢铁冶炼及压延加工为对象的工业产业）为例，对行业标准做出介绍说明。

在达到国家和地方污染物排放标准的基础上，根据该行业当前的技术设施水平，可将标准分为 3 个等级。

- Ⅰ级基准值，代表国际清洁生产先进水平。

- Ⅱ级基准值，代表国内清洁生产先进水平。

- Ⅲ级基准值，代表国内清洁生产基本水平。

在不同的时期，随着行业生产技术水平的不断发展，其审核的标准也会发生相应的变化。

对钢铁清洁生产行业的审核，实际可看作是对生产指标的审核。生产指标可划分为生产工艺装备及技术指标、节能减排装备指标、资源与能源利用指标、污染物排放控制指标、产品特征指标以及清洁生产管理指标六大类，根据每一类的技术水平又会分别设定不同的审核标准。

由于钢铁清洁生产行业的审核指标较多，这里只列举出部分指标标准供参考，具体情况如表 3-1 所示。

表 3-1　部分生产指标标准

一级指标	二级指标		
指标项	指标项	Ⅰ级基准值	Ⅱ级基准值	Ⅲ级基准值
生产工艺装备	烧结机装备配置率	$300m^2$ 及以上烧结机，配置率≥60%	$200m^2$ 及以上烧结机，配置率≥60%	$180m^2$ 及以上烧结机，配置率≥60%

续表

一级指标	二级指标			
指标项	指标项	Ⅰ级基准值	Ⅱ级基准值	Ⅲ级基准值
生产工艺装备	焦虑装备配置率	顶装焦炉炭化室高度≥7m 或捣固焦炉炭化室高度≥5.5m，配置率≥60%	顶装焦炉炭化室高度≥6m 或捣固焦炉炭化室高度≥5m，配置率≥60%	顶装焦炉炭化室高度≥6m 或捣固焦炉炭化室高度≥5m，配置率≥30%
节能减排装备	熄焦装备	高温高压干熄焦装置，熄焦量≥60%	干熄焦装置，熄焦量≥60%	干熄焦装置或低水分熄焦装置，熄焦量≥50%
	焦炉煤气脱硫脱氰装备	H_2S≤150mg/m³ HCN≤150mg/m³	H_2S≤200mg/m³ HCN≤180mg/m³	H_2S≤250mg/m³ ，HCN≤200mg/m³
资源与能源消耗	炼焦工序能耗	≤115kgce/t 焦	≤125kgce/t 焦	≤155kgce/t 焦
	烧结工序能耗	≤50kgce/t 矿	≤53kgce/t 矿	≤56kgce/t 矿
污染物排放控制	废水排放量	≤1.4 m³/t 钢	≤1.6 m³/t 钢	≤1.8 m³/t 钢
	颗粒物排放量	≤0.6kg/t 钢	≤0.8kg/t 钢	≤1.0kg/t 钢
产品特征	钢材综合成材率（%）	≥99/98/96	≥98/96/94	≥97/94/92
	钢材质量合格率（%）	≥99.8	≥99.5	≥99
清洁生产管理	达标排放	企业污染物排放浓度满足国家及地方政府相关规定要求		
	总量控制	企业污染物排放总量及能源消耗总量满足国家及地方政府相关规定要求		

各行业审核的标准不一样，这里无法做到逐一列举，只选取了较为广泛的并与环境质量相关联的钢铁行业做审核标准说明，其他行业的审核标准请参见相关的政策法规。

3.4 公司的商标注册

注册商标是一种法律名词，是指经政府有关部门核准注册的商标。商标申请人取得商标专用权后就享有使用某个品牌名称和品牌标志的权利，该注册商标也将受到法律保护，是识别某商品、服务或与其相关具体个人或公司的标志，其他任何公司都不得效仿使用。

与注册商标相对而言的，就是未注册商标。其中受《商标法》保护的未注册商标包括未注册驰名商标和有一定影响的未注册商标两种，普通未注册商标则不受《商标法》保护。

为了能有保障地使用商标，最好选择对商标进行注册。

3.4.1 商标注册的流程

商标注册的方法有两种：一种是公司负责人亲自到国家商标局办理商标注册事宜（中国商标法允许该国公民直接向国家工商行政管理局商标局或国家知识产权局申请商标注册申请）；另一种是委托商标代理机构办理商标注册，其间需支付对方相应的代理费。

注册商标之前，了解清楚相关事项的办理流程有利于商标的顺利注册。这里讲述公司负责人自己办理注册所需知道的流程，具体情况如图 3-7 所示。

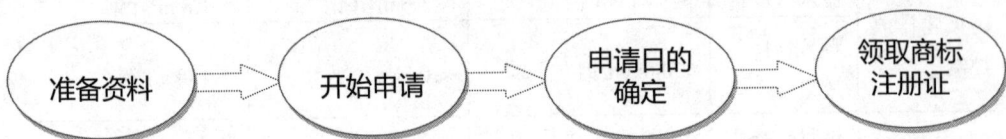

图 3-7 商标注册办理流程

在申请注册的过程中，有一些细节问题是需要了解并注意的，具体情况如下。

● 在注册前，最好找一家比较权威的查询公司进行注册前查询，从而减少商标注册的风险。

● 申请注册时，应按商品与服务分类表的分类确定使用商标的商品或服务类别。同一申请人在不同类别的商品上使用同一商标的，应按不同类别提出注册申请。

● 申请日以商标局收到申请书的日期为准。接下来是商标审查、初审公告及注册公告 3 个程序。

商标注册流程中，可能会遇到两种情况：一是商标局对注册申请有异议裁定，二是注册申请被商标局驳回。若当事申请人不服商标局的异议裁定或驳回决定，可向商标评审委员会请求复审。商标评审委员会受理后，将做出准予注册或不予注册的最终裁定，并书面通知申请人。

3.4.2　商标注册需要哪些资料

清楚商标的注册流程后，即可开始准备需要提交的相关资料。具体所需的资料如图 3-8 所示。

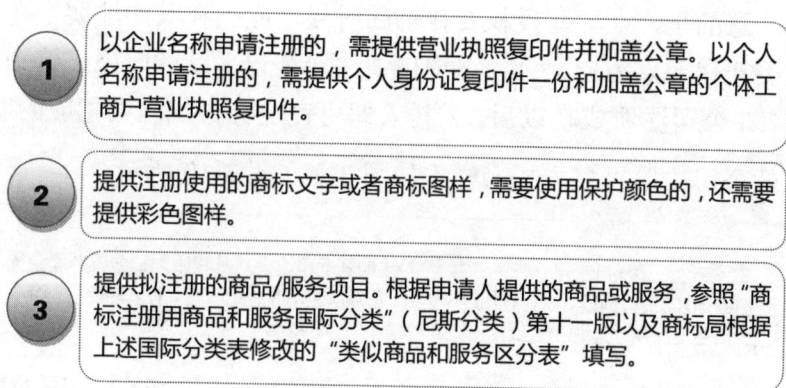

1 以企业名称申请注册的，需提供营业执照复印件并加盖公章。以个人名称申请注册的，需提供个人身份证复印件一份和加盖公章的个体工商户营业执照复印件。

2 提供注册使用的商标文字或者商标图样，需要使用保护颜色的，还需要提供彩色图样。

3 提供拟注册的商品/服务项目。根据申请人提供的商品或服务，参照"商标注册用商品和服务国际分类"（尼斯分类）第十一版以及商标局根据上述国际分类表修改的"类似商品和服务区分表"填写。

图 3-8　商标注册所需资料

若委托代理公司注册办理，需要提供加盖公章或签字的《商标代理委托书》，并确保代理书中的地址与营业执照上的注册地址完全一致。

在提供给商标局的商标样式中，需要注意以下几种容易忽视的情况。

● 该标志必须具有显著性特征，使消费者能将其与其他产品的标志区分开来。

● 该标志不得误导或欺骗消费者，也不得违反公共秩序或公共道德。

● 所申请的商标权不得与已经授予另一商标注册人的商标权相同或相似。可以通过国家局的检索和审查，或通过提出相似或相同权利主张的第三方所提出的异议，予以确定。

3.5　方便的代理注册

代理注册是市场经济的产物。代理人经过委托人的授权以后，根据委托客户提供的资料为其即将新开立的公司办理工商注册等一系列相关事宜，并从中收取一定的服务费。

3.5.1　委托办理时如何注册公司

委托代理机构办理公司注册时，除了将注册所需的资料提供给代理人以外，还应填写"指定代表或者共同委托代理人授权委托书"，以保证被委托人具有代理的权力。

需要注意的是，在填写授权委托书的时候，应当在其中注明委托的时限，即委托人委托代理人为自己公司办理申请注册登记手续的时限，这个时限由委托人确定。在公司注册成功以后，委托人即可完全支付代理人相应的服务费用。

常见的公司注册授权委托书样本如图3-9和图3-10所示。

> 兹委托____(单位)____(先生、女士)为注册登记申请人。其权限为：全权办理企业____(公司)的名称预核、设立(开业)、变更、备案、注销等登记事宜。有效期自____年____月____日至____年____月____日。
>
> 委托人：(签字、盖章)

图 3-9　公司注册授权委托书（委托个人）

> 兹委托企业登记代理机构____负责办理：
> 申请办理____公司的名称预核、设立(开业)、变更、备案、注销等登记事宜。本书有效期自____年____月____日至____年____月____日。
>
> 委托人：(签字、盖章)

图 3-10　公司注册授权委托书（委托单位）

3.5.2　选择适合的代办机构

在当今的社会经济环境下，各种代理机构比比皆是，如果不加以留心观察，难免会出现因选择错误而造成损失的可能。那么要选择一个合适的代办机构，究竟应该从哪些方面入手呢？下面介绍几种在选择代理机构时可以运用的方法技巧。

(1) 认识正规代理机构

正规代理机构是指在工商部门登记注册并取得"营业执照"的机构，它具有以下的特征。

- 机构的企业名称多为"××登记注册代理事务所"。

- 机构会根据委托人的需求和实际情况，按照相关法律政策提出代理方案，保证服务质量。

- 机构会与委托人签订正式代理服务合同，收费标准透明合理，并对代理行为承担相应的法律责任。

（2）分清"黑"代理

在登记注册大厅周边常有一些"好心人"，他们总是积极劝说需要办理注册登记事宜的人们委托其代办相关手续，但无法出示正规的《营业执照》和《登记代理执业注册证书》等。这些人就是所谓的"黑代理"，其具有以下特征。

- 信誉没有保障。多是先以较低的服务费吸引委托人，再在后续流程中多次收费，使委托人的实际花费远远超出预期。

- 没有代理资格。"黑代理"无法直接到工商局窗口递交材料，因此往往会要求委托人亲自到窗口办理有关手续。

- 谎称与工商部门有过硬关系。以能够快速办照或者规避法律限制为诱饵，向委托人收取高额费用。

- 多数也没有固定的经营场所，提供的注册地址多是虚假地址。

3.6　认识各类开公司必备的证照

注册公司是一件既复杂又简单的事情。复杂是指注册公司时所需办理的各项事宜和烦琐流程，而说它简单，是因为从某方面来说，开公司就是几类证照的大集合，只要拥有了这些证照，公司就算是开立了。

3.6.1　营业执照

营业执照是企业或组织合法经营权的凭证。《营业执照》的登记事项为：名称、地址、负责人、资金数额、经济成分、经营范围、经营方式、从业人数以及经营期限等。

营业执照分正本和副本，两者具有相同的法律效力。正本应当置于公司住所或营业场所的醒目位置。副本一般用于外出办理业务用的，比如，办理银行开户许可证以及签订合同等。营业执照样式如图 3-11 所示。

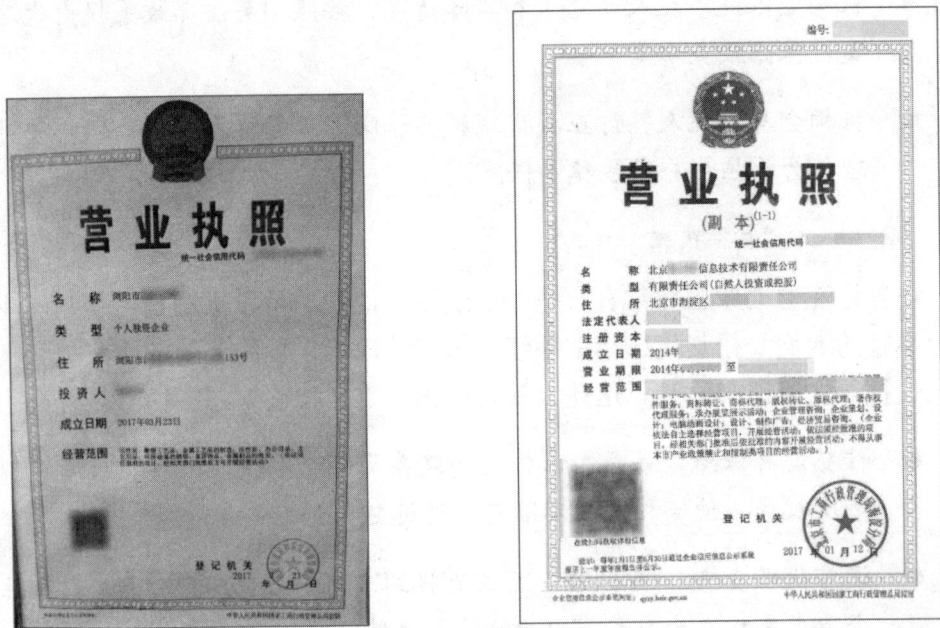

图 3-11　营业执照样本

在营业执照使用的过程中，公司负责人应谨记以下注意事项。

● 不得以任何方式对营业执照进行伪造、涂改、出租、出借以及转让。

● 企业不得自行复印营业执照。若确有使用复印件的需要，必须向企业登记机关提交书面申请报告，经批准后方可复印，并应在营业执照复印件上加盖登记机关专用章，否则该复印件无效。

● 若"营业执照"正本或副本发生遗失或损毁，应立即在报刊上登载遗失启事，做出营业执照（已遗失或损毁的）作废的声明。企业凭刊登的启事声明，填写"企业营业执照遗失补办申请表"后，才能向原登记机关申请补领新照。

3.6.2　银行开户许可证

银行开户许可证是由中国人民银行核发的一种开设基本账户的凭证，凡在中华人民共和国境内金融机构开立基本存款账户的单位，可凭此证办理其他金融往来业务。

哪些存款人可以申请开立基本存款账户呢？具体包括企业法人、企业法人内部单独核算的单位、管理财政预算资金和预算外资金的财政部门、实行财政预算管理的行政、事业单位（财务独立核算）、社会团体、外地常设机构、个体经营户、私营企业、法律服务所，以及国家法律允许的宗教组织。

除此规定外，申请基本存款账户开户许可证应填写基本存款账户申请表、并提供如图 3-12 所示的证明文件之一。

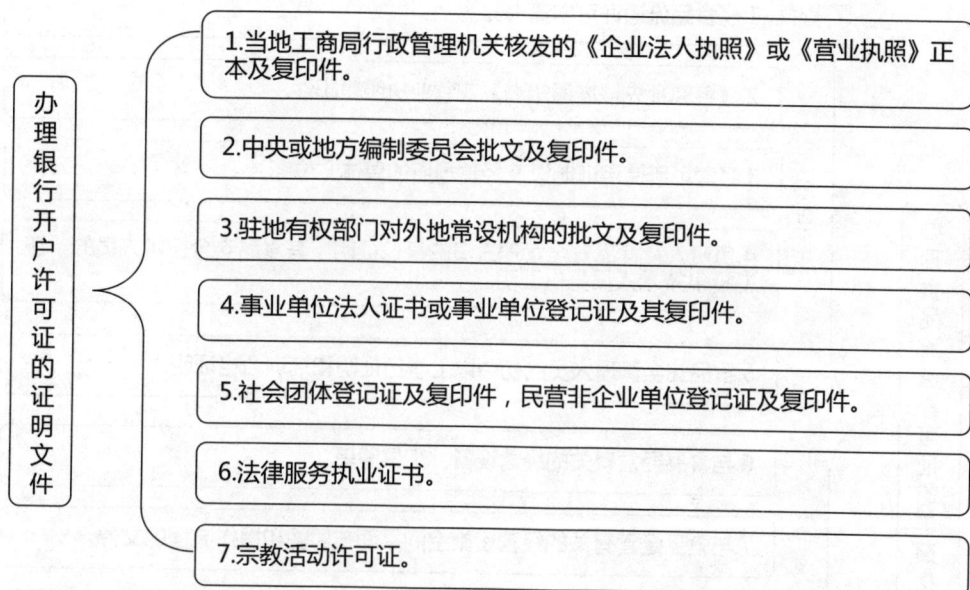

办理银行开户许可证的证明文件

1.当地工商局行政管理机关核发的《企业法人执照》或《营业执照》正本及复印件。

2.中央或地方编制委员会批文及复印件。

3.驻地有权部门对外地常设机构的批文及复印件。

4.事业单位法人证书或事业单位登记证及其复印件。

5.社会团体登记证及复印件，民营非企业单位登记证及复印件。

6.法律服务执业证书。

7.宗教活动许可证。

图 3-12　办理银行开户许可证的文件资料

3.6.3　特殊行业的许可证

卫生许可证是指单位和个人从事食品生产和餐饮店的经营活动，经卫生行政部门审查批准后，发给的卫生许可凭证，有注册备案的许可证号。2009 年 6 月 1 日，《食品安全法》实施，停止发放卫生许可证，被"餐饮服务许可证"、"食品流通许可证"和"食品生产许可证"等所取代。

● 餐饮服务许可按餐饮服务经营者的业态和规模实施分类管理，主要分类有餐馆（特大型餐馆、大型餐馆、中型餐馆和小型餐馆）、快餐店、小吃店、饮品店、食堂、集体用餐配送单位和中央厨房。

● 在流通环节从事食品经营的单位，应依法取得食品流通许可。其许可事项中的许可范围包括经营方式和经营项目，经营方式为批发和零售两种，经营项目为预包装食品、散装食品（含熟食或不含熟食）、乳制品（含婴幼儿配方乳粉或不含婴幼儿配方乳粉）及食用农产品这 4 种。

● 从事食品生产、食品销售和餐饮服务的单位，应依法取得食品生产许可（食用农产品除外）。

以《食品流通许可证》为例，介绍其办理时所需申请材料，如图 3-13 所示。

办理食品流通许可证的申请材料

1.《食品流通许可申请书》。

2.《名称预先核准通知书》或营业执照复印件。

3.经营场所使用证明以及经营场所的具体方位图。

4.负责人及食品安全管理人员的身份证明；有食品安全技术人员的，还需提供技术人员身份证明。

5.食品安全管理人员的初中以上学历证明和培训合格证明。

6.与食品经营有关的经营设备、工具清单。

7.与食品经营有关的经营设施空间平面布局图和操作流程的文件。

8.食品安全管理制度文本。

9.申请乳制品项目的经营者，除符合一般性食品流通许可申请条件外，还应满足其特定的要求。

10.当地食品药品监督管理局规定的其他资料。

图 3-13　办理食品流通许可证的相关材料

3.7　注册公司时的常见问题

在进行公司注册登记的过程中，可能会遇到各种各样的问题，让人一头雾水摸不着门路，下面提供一些常见问题，供大家查询。

● 提问：做个体工商户或者是办理一个一人公司，哪个更好？

回答：个体工商户与一人公司相比各有优劣。一人公司经营范围更广，而且融资相对比较方便；个体工商户税少、限制少。两者没有绝对的优劣之分，可根据自己的具体情况进行选择。

● 提问：一个人注册和多个人注册有什么区别？

回答：一个人注册属于自然人独资有限公司，每个人只能自己注册一家独资公司，多人注册属于有限公司。

● 提问：公司法人代表有什么需要注意的呢？

回答：法人代表意味着权利，也意味着责任，至于是董事长、执行董事或经理谁做公司法人都可以，不一定是公司的股东，但一定要年满18周岁。

● 提问：个人注册公司和普通的公司有何区别？

回答：一人公司只有一个自然人股东或一个法人股东。另外，一人公司的资产和个人资产不能混同。

● 提问：以前有两人合办公司，现在想改为一人，请问在当前实行新公司法的情况下怎么办理？

回答：这是股东变更的问题，应当由转让人和受让人签订股权转让协议，而且，其他股东应当同意转让。股东会决议的方式可以来体现股东是否同意转让并提供最新章程。

● 提问：以前注册的公司被吊销了或者从来就没管过，怎么办？

回答：能够注册新公司，但不能当公司法人，可以当公司的股东。

● 提问：经营范围怎么拟定？

回答：可以写目前经营的或者以后有可能需要经营的，经营范围最终以工商审批的结果为准。

● 提问：一个地址可以注册多家公司吗？

回答：一个地址可以注册两个甚至两个以上的公司，主要依照 3 种情况进行考虑。一是"一址多照"必须"有址"才能多照；二是公司注册地址与经营地址可以不同；三是公司的税务关系和公司注册地址必须一致。

● **提问**：可不可以用劳务作价参股出资，已抵押给银行的房产，能否作为股东出资？

回答：根据公司登记管理条例，劳务不能用于出资，抵押的房产也不能作为出资财产。

● **提问**：企业法人登记与营业登记有何区别？

回答：企业法人登记与营业登记主要区别在于：

（1）登记的对象不同，企业法人登记是对具备企业法人条件的企业登记；营业登记是对不具备企业法人条件的经营单位登记。

（2）登记目的和产生的后果不同，企业法人登记是确立企业在民事活动中的主体资格并同时获得经营权；营业登记只确认其合法经营权。

（3）登记所要求的条件和内容不同。

● **提问**：公司如何进行经营范围变更的登记？

回答：公司变更经营范围的，应当自变更决议或者决定做出之日起 30 天内申请变更登记；变更经营范围涉及法律、行政法规规定必须报经审批项目的，应当自国家有关部门批准之日起 30 天内申请变更登记。

● **提问**：是不是只要拿到了营业执照，就可以想经营什么就经营什么了？

回答：一般经营范围的，拿到代表主体资格的营业执照后就可以直接经营了。但是，需要审批的许可经营范围，比如餐饮所需要的消防、环保和食品许可等，就要在拿到营业执照后，再去相关部门获得审批，通过后才能开始经营。

● **提问**：商标必须注册吗？使用未注册商标行不行？

回答：我国商标法采用商标申请自愿的原则，对企业的商标是否申请注册，完全由企业根据需要自主决定。

但是，未注册的商标也不能使用禁用标志，且不能标"注册商标"字样或注册标记。有违法行为的工商行政管理机关将禁止其广告宣传，责令限期改正，并可根据情节予以通报，处以非法经营额 20%以下的罚款。

● **提问**：什么是保护商标专用权？商标侵权行为有哪几种形式？

回答：保护商标专用权是指用法律手段制止、制裁一切侵犯注册商标的行为，以保护商标注册人对注册商标享有的权利。

保护商标专用权是我国商标法的核心。商标侵权行为归纳为以下几种：

（1）非法使用他人注册商标的。未经注册商标所有人的许可，在同一种商品或者类似商品上使用与其注册相同或者近似商标的。

（2）销售明知是假冒他人注册商标的商品的。

（3）伪造、擅自制造他人注册商标标识或者销售伪造、擅自制造的商标标识的。

（4）给他人的注册商标专用权造成其他损害的行为。比如销售明知或者应知侵犯他人注册商标专用权商品的；在同一种或者类似商品上，将与他人注册商标相同或者近似的文字、图形作为商品名称或者商品装潢使用，并足以造成误认的；故意为侵犯他人注册商标专用权行为提供仓储、运输、邮寄、隐匿等便利条件的。

● **提问**：商标注册申请日是如何确定的？

回答：（1）两个或者两个以上的申请人，在同一种商品或者类似商品上，以相同或者近似的商标申请注册的，初步审定并公告申请在先的商标；同一天申请的，初步审定并公告使用在先的商标，驳回其他人的申请，不予公告。商标注册的申请日则以商标局收到商标注册申请书件的日期为准。

（2）申请手续齐备并按照规定填写申请书件的，商标局编写申请号，发给"受理通知书"；申请手续不齐备或者未按照规定填写申请书件的，予以退回，申请日期不予保留。

（3）对于两个或者两个以上的申请人，在同一种商品或者类似商品上，以相同或者近似的商品申请注册的，初步审定并公告申请在先的商标；对于同一天申请注册的，各申请人应按照商标局的通知，在30天内交送第一次使用该商标的日期的证明。同日使用或者均未使用的，各申请人应当进行协商，协商一致的，应当在30天内将书面协议报送商标局；超过30天达不成协议的，在商标局主持下，由申请人抽签决定，或者由商标局裁定。

第4章

不同类型公司的工商注册

对于初出茅庐的创业者来说，在公司类型的定位上往往感觉摸不清方向，无从下手。本章将具体介绍几种常见、适合大众创业的公司类型的工商注册，帮助需要开办这类公司或者店铺的创业者快速开张营业。

开一家餐馆需要办理哪些证照

餐馆注册的条件与费用

开餐馆的注册流程

进出口贸易公司主要经营范围

注册贸易公司需要准备哪些资料

开办进出口贸易公司需要办理哪些证照

注册出口贸易公司的具体流程

开办零售商店需要的条件

烟草经营店的工商注册

4.1 开办餐馆的工商注册

一说到开办餐馆，可能大家头脑中联想到的就是找个店面支起炉灶，把菜炒了端给客人。

其实开办餐馆并没有想象中的那么简单，即使开一家很小的餐馆，都有很多环节、很多琐碎的事情。本节主要介绍开办餐馆中的相关工商注册，因为只有工商注册的餐馆，才是正规的餐馆，才能开张营业。

4.1.1 开一家餐馆需要办理哪些证照

在办理证照之前，首先需要确定开办的餐馆是个体户经营还是企业经营，不同的经营主体，所需证照和办理流程是不一样的，本节以办理个体户经营为例，讲解开办餐馆需要哪些证照，具体内容如图 4-1 所示。

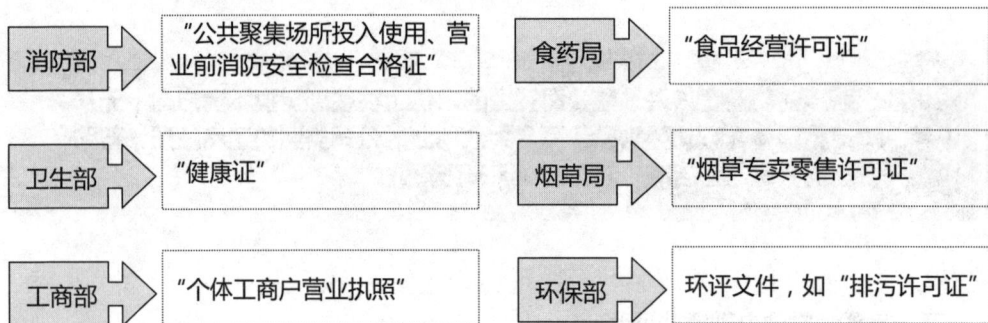

消防部	"公共聚集场所投入使用、营业前消防安全检查合格证"	食药局	"食品经营许可证"
卫生部	"健康证"	烟草局	"烟草专卖零售许可证"
工商部	"个体工商户营业执照"	环保部	环评文件，如"排污许可证"

图 4-1　开办餐馆需要的证照

在如上列举的各种证照中，根据餐馆的经营范围的不同，不是全部证照都要办理，但是"公共聚集场所投入使用、营业前消防安全检查合格证"、"食品经营许可证"、"排污许可证"是必须办理的，消防部、食药部和环保部任何一个部门的审批文件或者证照缺失，营业执照都办理不了，就不能营业。

需要注意的是，健康证和排污许可证是在当地辖区办理。

4.1.2 餐馆注册的条件与费用

在注册餐馆时，要使工商注册顺利进行，除了需要准备食品经营许可证和排污许可证以外，还需要提供其他一些资料，具体包括：

- 经营者的身份证和一寸照片两张。

- 经营场地证明，即土地证或不动产权证。如果是租赁的，要有租赁合同和出租方的土地证、不动产权证复印件。

这些材料准备齐全后，经营者就可以到经营地所在辖区的工商所申请登记注册。由于注册的餐馆是个体工商户，而个体工商户、微型企业、私营企业办营业执照国家减免了费用，都不收费。

4.1.3 开餐馆的注册流程

前面介绍了一些有关开办餐馆所需要的证照以及注册条件和费用，那么如果要开办餐馆，其具体的注册流程是什么？如图 4-2 所示。

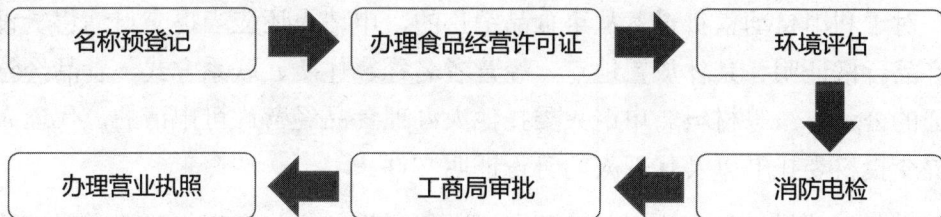

图 4-2 开餐馆的注册流程

下面具体介绍餐馆注册流程中各环节的办理流程。

（1）名称预登记

经营者首先需要到当地工商局领一份名称预先核准申请书，按要求填表后持本人身份证和户口本的（复印件）到名称核准处查询名称是否重名。

为了确保名称核准快速完成，经营者在这之前最好多想一些名称，否则当核查到餐馆重名，还需要再重新想名，这样会耽误名称核准的进度。如果不重名，工商局就会出具一张"名称预先核准通知书"。通常情况，工商核名在 3 个工作日内即可完成。

（2）办理食品经营许可证

名称核准后须带两份核名通知书复印件去行政服务中心综合办证科窗口领取申请表，此外，还需准备如下资料：

- 《食品经营许可证》申请书，主要包括《食品经营许可证》申请表，法定代表人（负责人）情况登记表，食品安全专业技术人员、食品安全管理人员情况登记表，从业人员情况登记表和食品安全设备设施登记表。

● 保证声明（在线申请系统内自行下载模板打印签字）。

● 经营者（法定代表人）身份证复印件。

● 营业执照或者其他主体资格证明文件复印件。

● 与食品经营相适应的主要设备设施布局、操作流程等文件。

● 食品安全自查、从业人员健康管理、进货查验记录、食品安全事故处置等保证食品安全的规章制度。

对于利用自动售货设备从事食品销售的，申请人还应当提交自动售货设备的产品合格证明、具体放置地点，经营者名称、住所、联系方式、食品经营许可证的公示方法等材料。申请人委托他人办理食品经营许可申请的，代理人应当提交授权委托书以及代理人的身份证明文件。

交付相关材料和申请表后，两名以上的卫生监督员在规定时间内对申请材料内容进行现场审核，出具审核意见。如果卫生条件及卫生设施合格，则会在9日后发放食品经营许可证。图4-3所示为食品经营许可证的一种模板格式。

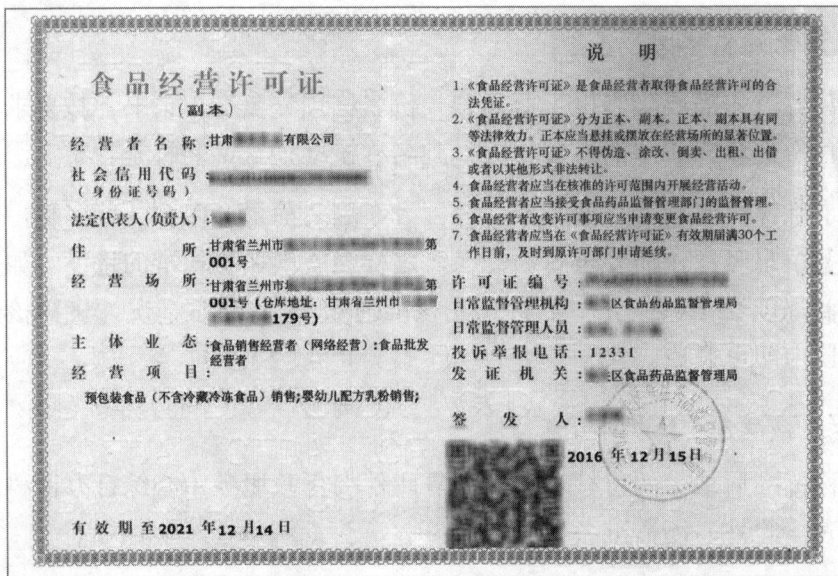

图4-3　食品经营许可证模板

食品经营许可证和食品生产许可证

2015年10月1日食药局发布的《食品经营许可管理办法》正式实施，《食品流通许可证》和《餐饮服务许可证》合并为《食品经营许可证》，主要用于食品的销售流通领域，如食品批发、零售。而食品生产许可证主要用于食品生产加工企业，两者是食品行业不同领域的证书。没有这两个证书，企业或个体工商户属于无证生产、经营，是违法行为，根据《食品安全法》的规定，会受到食品监管部门的查处。

（3）环境评估

无论规模大小，凡是排污单位都要进行环境影响评价。其需要的材料包括排污许可证申请表，有排污单位法定代表人或者实际负责人签字或盖章的承诺书，排污单位按照有关要求进行排污口和监测孔规范化设置的情况说明，建设项目环境影响评价批复文号或经地方政府依法处理、整顿规范并符合要求的相关证明材料，城镇污水集中处理设施还应提供纳污范围、纳污企业名单、管网布置、最终排放去向等材料，以及法律法规规定的其他材料。

对实行排污许可简化管理的排污单位，上述材料可适当简化。餐馆负责人可以先到辖区环保局办证处申请，当受理后，环保局的工作人员会上门去检查指导。也会其后要求经营者找一家环保局认可的单位或者环保局介绍的环评单位给本餐馆出据一份环境评估证明，待审查通过后颁发排污许可证。

（4）消防电检

开业之前，餐馆负责人还需要向消防部门进行消防申批，这需要在装修时就向所在辖区申请，并到所在辖区消防分局领一份消防局表格，再让负责管片的工作人员看现场，并指定一家电检部门做电检，电检完成后由该部门出具一份电检报告。最后持填写好的消防局表格和电检报告到消防分局换取消防证明，同时持消防证明找管片工作人员签字，并到消防分局签字，完成消防电检工作。

所有餐馆都要进行消防电检吗？

对于新建建筑开办餐馆，建筑面积大于10 000平方米，必须经过消防部门验收才能使用；不到这个面积，要备案抽查，但是抽中并验收的可能性也很大。

因此，不论餐馆的面积大小，所有餐馆在开业前都要经消防部门检查合格才行，因为这是公众聚集场所消防安全行政审批的项目。

(5) 工商局审批

待卫生局、环保局和消防局出具相关证明后，将证明交到当地工商局处理，此时还需要带如下资料：

● 法人身份证户口本的（复印件）无业证明。

● 未办照证明（需到户口所在地工商局办理）。

● 房产证明的户主本人签字，房屋租赁合同。

在7个工作日后到工商分局领取营业执照副本，过7个工作日到所在工商所领营业执照正本。

前制式和后制式营业执照办理流程

前制式营业执照，就是在餐厅开业前通过卫生、消防、环评部分检修合格后，到工商局申请，待审批合格后，工商局发放正式营业执照，如4.1.3节的注册流程就是前制式营业执照的办理流程。

后制式营业执照就是在正式营业执照没有办理下来，但餐馆已装修好，设备、大货、人员已准备齐全，为了能够顺利开业，此时可以办理的临时营业执照。通常临时营业执照的有效期为6个月，在这6个月内，经营者必须把所有手续补齐，补办正式的营业执照，6个月后仍然没有办理正式的营业执照，就不能营业。

【因证照不齐，烧烤店开业不久被勒令停业】

某地的商业区开办了一家豪华酒吧式烧烤店，该店位于某商业区的一楼，两家店面有100多个座位，店内灯饰、墙面装修考究。更特别的是，店中央还特别辟出一块舞台，安装投影幕布、音响，平时会邀请人过来唱歌或跳舞，颇有酒吧的感觉。

这样装修精致又新颖的烧烤店立即成为该商业区的"人气王"。

由于该商业区周围都是住宅小区，烧烤店开业没多久就不断遭受到小区居民的投诉。不仅散步会闻到一股烧烤味，有时在家里都会闻到这股味道。除了油烟大之外，还有居民反映噪声扰民。因为这家烧烤店做的是晚上生意，又兼有"酒吧"功能，晚上音乐声大，非常影响周围居民的休息。

接到投诉后，某中队的执法队员立即到现场进行调查。结果发现这家规模颇大的烧烤店竟然连证件都没有办齐。烧烤店的店长解释说："我们现在正处于试营业阶段，营业执照、环评报告已经在办理中了。"

执法队员要求店家立即暂停营业，采取有效措施避免油烟、噪声扰民，尽快办理相关证照，并将情况上报了相关职能部门。

但是没过多久，该中队又接到投诉。再次到现场查看，烧烤店又开始营业了。店长说店内新购了一台油烟净化器，油烟情况已经得到很大的改善。但由于没有营业执照等证件，即使油烟减少，也不能营业。

随后，工商分局、街道、执法大队等职能部门联合对这家烧烤店采取了行政强制措施，暂扣了相关经营物品，责令其停业并限期落实整改，等证件齐全后，才能重新开始经营。

4.2 开办贸易公司的工商注册

贸易公司就是商品的买与卖，贸易公司最重要的是信息和业务渠道，要有货源和销售目标，并产生一定的利润。如果我们要开办一家贸易公司，应该如何进行工商注册呢？本节以注册进出口贸易公司为例进行讲解。

4.2.1 进出口贸易公司主要经营范围

要开办进出口贸易公司，首先要了解这类型公司的经营范围是什么，通常，进出口贸易公司的主要经营范围是自营和代理货物及技术的进出口业务，从事海运、空运、陆运等货物的运输、报关、报检等，具体内容如下。

● 各种进出口商品的品质、卫生、安全质量检验（包括感官的、物理的、机械的、化学的、生物的和微生物检验）。

● 各种进出口商品的数量鉴定（包括衡器计重、水尺计重、容量计重），以及整批货物和包装内货物的数量鉴定（包括件数、长度、面积、体积等）。

● 各种进出口商品的包装、标记鉴定。

● 各种进出口货物的货载衡量。

- 进口货物承运船舶的舱口检视、监视卸载、载损鉴定和进口商品的残损鉴定。

- 出口货物承运船舱、车厢和集装箱的有关清洁、卫生、密固、冷藏效能等适载条件检验，以及积载鉴定和监视装载。

- 进出口商品的承运船舶，宣布共同海损后的海损鉴定（积货鉴定）。

- 为有关国家对进口商品实行全面监管制度提供装船前检验服务。

- 其他检验鉴定业务，如财产鉴定评估，价格比较，审核签发价值证明书，抽取或签封货物样品，出口成套设备从设计审查到监造，出口商品从原料检验到成品验收乃至装船前检验。

- 进口商品在生产国或装运地检验或代办委托国外检验机构进行装运前检验。

- 各国安全认证代理申请服务。

- 各国安全认证技术咨询服务。

- 国外认证机构委托的工厂跟踪检验服务。

- 产品预验及客户委托的其他安全测试服务。

- 承接 EMC 测试，出具 CB 测试证书与测试报告。

- ISO9000、QS9000 及 ISO14000 质量体系认证咨询服务。

4.2.2　注册贸易公司需要准备哪些资料

为了确保贸易公司注册的顺利进行，在开始注册之前，需要准备齐全以下的各项资料。

- 法人、合伙人身份证复印件。

- 工商查名预拟公司名称字号 5 个以上。

- 注册资本金额及各股东投资比例。

- 拟定公司经营范围。

- 投资双方的私章各一枚。

- 法人、合伙人一寸免冠照片各 6 张。

- 办理一般纳税人资格认定股东须提供居住证明。

- 法人、合伙人户口簿复印件（办理增值税）。

4.2.3　开办进出口贸易公司需要办理哪些证照

要确保开办的进出口贸易公司正常营业，必须办齐证照，具体证照如图 4-4 所示。

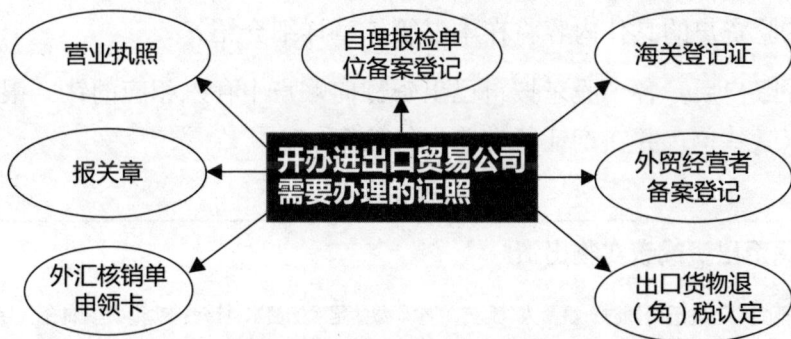

图 4-4　开办进出口贸易公司需要办理的证照

4.2.4　注册进出口贸易公司的具体流程

注册进出口贸易公司的具体流程如图 4-5 所示。

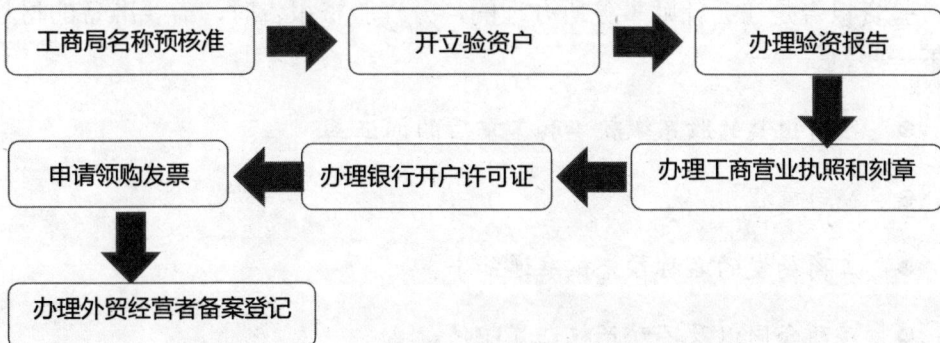

图 4-5　注册进出口贸易公司的具体流程

下面具体介绍进出口贸易公司注册流程中的各环节的办理流程。

（1）工商局名称预核准

对于进出口贸易公司的名称取名有 3 种格式，分别是"××国际贸易有限公司"、"××进出口贸易有限公司"和"××贸易有限公司"。

待名称取好后，到工商局去领取一张"企业（字号）名称预先核准申请表"，填写你准备取的公司名称，由工商局上网（工商局内部网）检索是否有重名，如果没有重名，就可以使用这个名称，就会核发一张"企业（字号）名称预先核准通知书"。

（2）到银行开立验资户

资料准备齐全，所有股东带上自己入股的那一部分钱到银行去开立验资户（有关开立验资户的具体内容将在本书第 5 章详细介绍）。

开立好账户后，各个股东按自己出资额向账户中存入相应的钱。银行会发给每个股东缴款单，并在询证函上盖银行的章。

人民币出资或者实物出资

《公司法》规定，在注册公司时，投资人（股东）必须缴纳足额的资本，该资本可以是具体的人民币，也可以是实物，如汽车、房产、知识产权等。如果出资额是足额的人民币，则直接到银行办理即可，如果出资额包括实物，还需要先到会计事务所鉴定实物的价值，整个办理过程比较麻烦，因此最好还是以人民币方式缴纳出资额，如果出资额不足，可以通过其他方式借款来缴纳。

（3）办理验资报告

验资报告是在会计师事务所办理的，办理验资报告时，需要准备的材料有如下一些。

- 银行出具的股东缴款单和盖章后的询证函。

- 公司章程。

- 工商局发的名称预先核准通知书。

- 房租合同以及不动产权证复印件。

（4）办理工商营业执照和刻章

带上工商局发的名称预先核准通知书、公司章程、房租合同、不动产权证复印件、验资报告到原办理名称预核准的工商局或分局办理工商营业执照，一般 3 个工作日后可领取执照。

带上工商局发放的《营业执照》副本和法人身份证，到公安局指定的刻章社刻公章和财务章。

（5）办理银行开户许可证

营业执照办理后即可去银行开立基本账户，由于去银行开立基本账户需要填很多的表格，因此最好把资料带齐，包括营业执照、身份证、公章、财务章和法人章。

（6）办理税务登记和发票申领

营业执照领取后，在 30 日内就需要办理税务登记并领取发票，有关税务登记的详细内容将在本书第 5 章介绍，读者可参见对应位置进行学习。

（7）办理外贸经营者备案登记

办理外贸经营者备案登记首先需要进行网上备案登记，其具体操作如下：

进入商务部业务系统统一平台企业端的"对外贸易经营者备案登记"页面，（http://iecms.mofcom.gov.cn/），单击页面左侧的"备案登记"按钮，如图 4-6 所示。

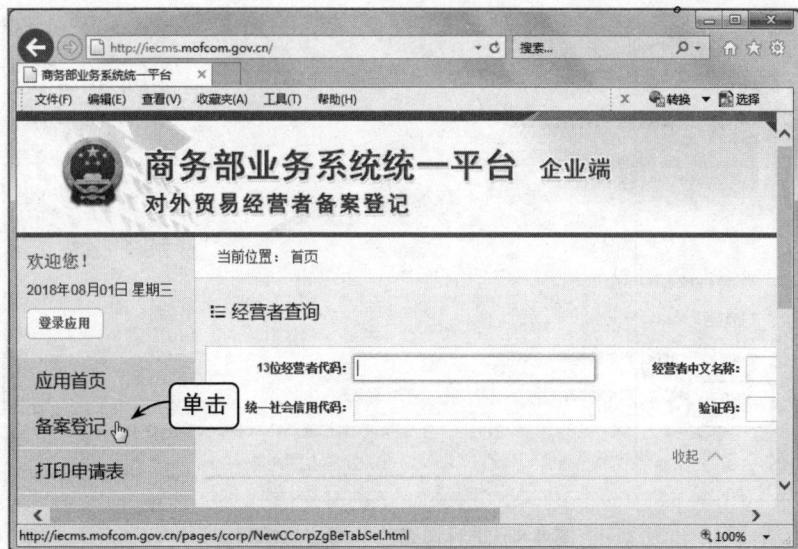

图 4-6　单击"备案登记"按钮

在打开的页面中单击"选择"按钮，选择备案机关，然后单击"选择备案登记方式"下拉按钮，选择备案登记方式，接着单击"提交"按钮，如图 4-7 所示。

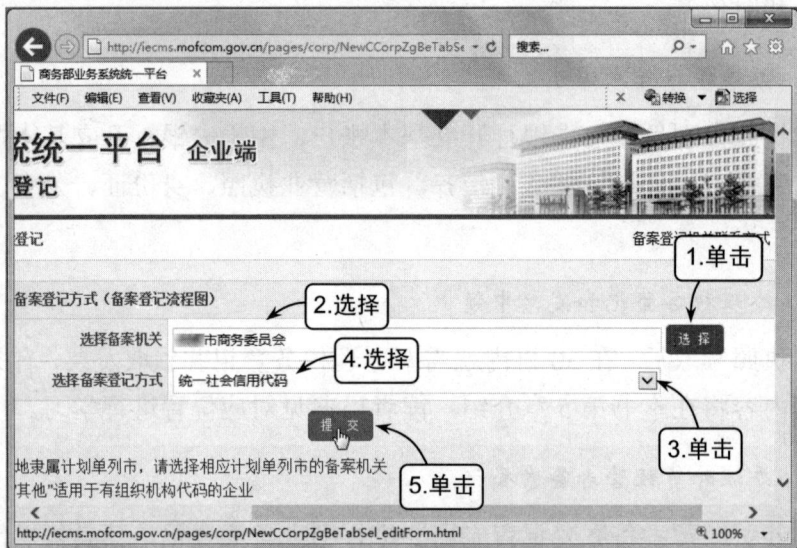

图 4-7　选择备案登记机关和登记方式

在打开的页面中按要求规范填写备案信息，完成后进行提交，完成网上备案登记，如图 4-8 所示。

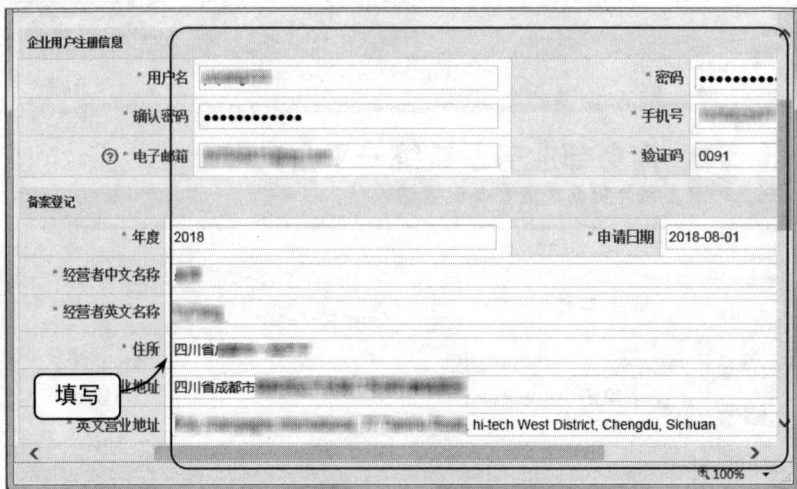

图 4-8　进行详细的备案信息填写

完成网上备案登记后系统自动生成 10 位登记表系统编号，凭该编号下载

《对外贸易经营者备案登记表》，然后打印该表格的正面和反面。

此时需要将书面资料送到市商务局核对，需要准备的资料如下。

● 　已在背面条款上签字、加盖公章的《对外贸易经营者备案登记表》。

● 　加盖公章、经营范围包含进出口贸易的营业执照复印件。

> **对外贸易经营者备案登记表的时效性**
>
> 领取加盖备案登记印章的对外贸易经营者备案登记表后，对外贸易经营者应凭该文件在 30 日内到海关、检验检疫、外汇、税务等部门办理开展对外贸易业务所需的有关手续，如果逾期未办理相关手续的，对外贸易经营者备案登记表自动失效。

4.3　开办零售商店的工商注册

零售商店通常指商家出售商品给消费者的地方，其主要特征就是以小额出售或是单一个数售卖为主，它区别于大宗货品的批发业务。在售价方面有可能会比批发价格贵。

4.3.1　开办零售商店需要的条件

零售商店的类型有很多，如果要开办零售商店，我们需要了解这种商店到底有哪些类型，每种类型具体有什么条件。

通常，对零售商的分类可以根据营业面积、经营产品的类型、消费者的购买习惯等因素来进行。表 4-1 所示为常见零售商店类型。

表 4-1　常见零售商店的类型

类型	具体说明
量贩店	营业面积大于 3 000m²，销售产品包括日用、杂货、生鲜、电器、服装等
超市	营业面积不小于 100m²，销售产品较齐全，有生鲜、奶制品、冷冻食品等，主要满足消费者在食品、家居用品方面的需求
便利店	营业面积小于 100m²，它有和传统超市一样的品种销售，但是规格有限，大都有速食出售，一般没有生鲜供应，这类商店一般位于居民住宅区附近，24 小时营业

类型	具体说明
百货商店	经营品种以非食品类为主，通常要经营几条产品线，包括服装鞋袜、化妆品、家具、电器等
售货亭	营业面积小于 $20m^2$，这类商店有一个固定位置，通常在建筑物或者街道旁边，至少 50%的营业面积售卖食品
药店/个人护理用品商店	柜台或者自选式的购物方式，以药品和个人护理用品为主

4.3.2　烟草经营店的工商注册

烟草属于特殊行业的产品，需要特许经营的。除了办理工商营业执照，还需要单独办理烟草专卖零售许可证。

对于办理工商营业执照，其办照流程与前面介绍的办照流程相似，这里不再详细介绍。

对于烟草专卖零售许可证的办理，其受理条件有如下几点。

● 有与经营烟草制品零售业相适应的资金。

● 有与住所相独立的固定经营场所。

● 符合烟草制品零售点合理布局的要求（市区主要街道烟草零售网点两店同侧距离不少于 30 米，非主要街道两店边临间隔不少于 30 米，郊区或农村可适当放宽）。

● 国务院烟草专卖行政主管部门规定的其他条件。

如果符合受理条件，申请新办烟草专卖零售许可证的企业或个人应向其经营场所所在地的烟草专卖局提出申请，需要准备的材料如下。

● 烟草专卖零售许可证的申请表。

● 工商营业执照副本或企业名称预核准通知书。

● 个体工商户经营者、法定代表人或企业负责人的身份证明。

● 审批机关规定需要提供的其他材料。

烟草专卖零售许可证的具体申办流程如图 4-9 所示。

提出申请 ➡ 受理申请 ➡ 实地核查 ➡ 审查审批 ➡ 做出决定

图 4-9　烟草专卖零售许可证的申办流程

各流程环节的具体申办流程如下。

- 【第 1 步，提出申请】：申请人可到经营场所所在地的烟草专卖局办证厅递交《烟草专卖零售许可证申请（换证）审批表》及其他申请材料；也可以登录当地政务服务网进行网上申请，通过信函、电报、传真、电子数据交换和电子邮件等方式提出申请。

- 【第 2 步，受理申请】：若申请材料齐全、符合法定形式，或者申请人按照要求提交了全部办正申请材料的，各级烟草专卖局应当受理，并将加盖专用印章的《受理行政许可通知书》送达申请人。不予受理的，烟草专卖局应负责将加盖专用印章的不予受理行政许可通知书送达申请人。

- 【第 3 步，实地核查】：烟草专卖局受理后，会指派两名以上工作人员到经营场所进行核查，并提交核查结果。

- 【第 4 步，审核审批】：烟草专卖局的审核部门根据有关法规政策和当地烟草制品零售点合理布局的要求，对申请人提交材料的真实性、合法性、有效性、完整性等进行审核，并提出是否办理的意见，提交审批人审批。

- 【第 5 步，做出决定】：一般情况下，烟草专卖局会在受理之日起 20 个工作日内依法做出决定。予以许可的，烟草专卖局做出准予行政许可的决定，并在 10 日内向申请人送达烟草专卖零售许可证，如图 4-10 所示。不予许可的，也会向申请人说明理由，并告知申请人享有依法申请行政复议或者提起行政诉讼的权利。

图 4-10 烟草专卖零售许可证

注册食品经营店所需的证照

一家正规的食品经营店的开办需要准备以下证照。

1. 食品经营许可证。

2. 工商营业执照。

3. 营业者健康证，如果零售店中招聘有营业员，则营业员也需要提供健康证。

将以上资料提交后，经审核机关审核后，即可领取食品流通许可证。

4.4 开办电子商务公司的工商注册

电子商务通常是指在互联网开放的网络环境下，买卖双方不谋面地进行各种商贸活动，实现消费者的网上购物、商户之间的网上交易和在线电子支付以及各种商务活动、交易活动、金融活动和相关的综合服务活动的一种新型的商业运营模式。

4.4.1　注册电子商务公司的条件

如果要注册一家电子商务公司，必须满足一定的条件。如下所示为在某地注册一家电子商务公司需要满足的要求。

- 股东为两个（含两个）以上 50 个（含 50 个）以下。

- 股东出资达到法定资本的最低限额。

- 有公司名称，建立符合公司要求的组织机构。

- 有固定的生产经营场所和必要的生产经营条件。

- 有为用户提供长期服务的信誉或能力。

- 有业务发展计划及相关技术方案。

- 有健全的网络与信息安全保障措施。

- 国家规定的其他条件。

4.4.2　ICP 经营许可证申请材料

根据中华人民共和国国务院令第 291 号《中华人民共和国电信条例》、第 292 号《互联网信息服务管理办法》（简称 ICP 管理办法），国家对提供互联网信息服务的 ICP 实行许可证制度。

因此如果要注册一家电子商务公司，需要办理 ICP 许可证，办理该证需要提供的材料如下。

- 法人签署的书面申请。

- 营业执照（有效复印件）或企业预登记名称证明。

- 公司概况（公司基本情况，拟从事增值电信业务的人员、场地和设施等）。

- 公司近期经会计师事务所或审计事务所审定的财务报表或验资报告。

- 公司章程，公司股权结构及股东的有关情况。

- 业务发展计划及相关技术方案。

- 有健全的网络与信息安全保障措施，包括网站安全保障措施，信息安全保密管理制度，用户信息安全管理制度。

- 涉及从事新闻、出版、教育、医疗保健、药品和医疗器械互联网信息服务，应当提交相关主管部门审核的批准文件；涉及电子公告服务的，必须专项申请；没有涉及新闻、出版、教育、医疗保健、药品和医疗器械和电子公告服务的，提交《保证书》（下载）。

- 《互联网信息服务经营许可证申报表》。

- 法人代表签署的《信息安全责任书》。

4.4.3 ICP 许可证办理流程

如果经营者需要办理 ICP 许可证，在准备好相关资料后需要先提交资料，其具体办理流程如图 4-11 所示。

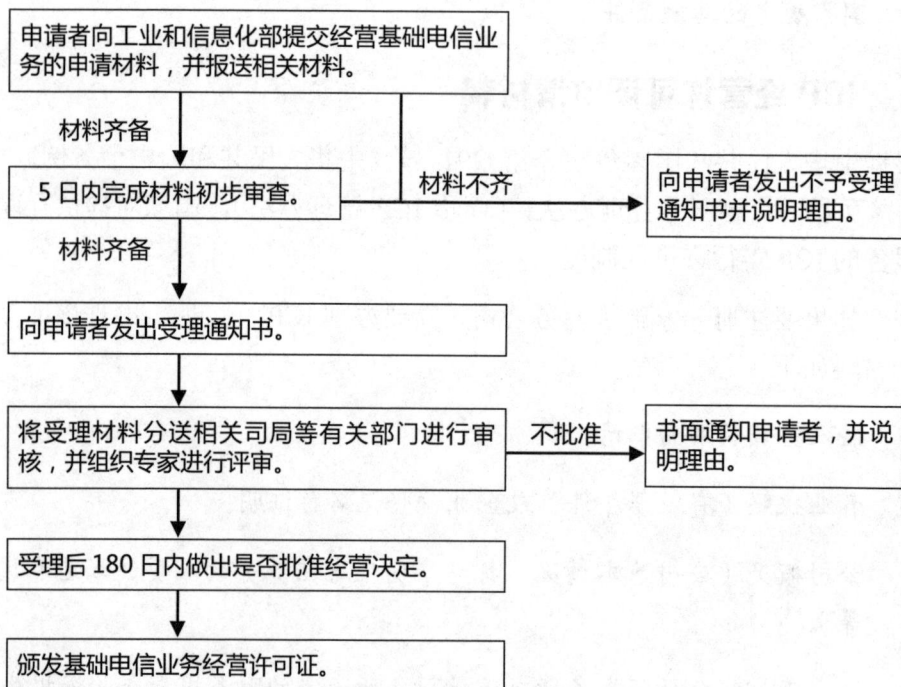

图 4-11 办理 ICP 许可证

需要特别说明的是，在淘宝、天猫上的那些商家，不是电子商务公司，他们只是一般类型的公司，比如贸易公司、食品销售公司等，然后借助网店平台，利用这个平台来交易而已，本质上不是电子商务公司的。

因此，在淘宝平台上开店进行销售活动，不管你的店铺或者公司是什么类型，公司的营业执照是否涉及电子商务的字眼，都是不需要办理 ICP 许可证的。

4.5　开办电子科技公司的工商注册

对于名称而言，电子科技类型的公司包括电子公司和科技公司两大类，那么，这类公司的工商注册是怎么办理的呢？下面具体介绍。

4.5.1　了解电子科技公司的经营范围

电子科技类型的公司又可划分为电子公司、网络科技公司和软件公司三大类，各种类型的公司的经营范围如下。

- **电子公司的经营范围**：电子产品领域的技术开发、技术服务，音响设备、计算机软硬件开发及销售、会务服务、展览展示服务、会务礼仪服务、婚庆服务、企业形象策划、企业营销策划、市场营销策划、花卉租摆、摄影服务（除彩扩）、商务咨询、投资咨询、企业管理、机械维修、电脑维修、翻译服务等。

- **网络科技公司的经营范围**：软件设计与开发、游戏开发、系统集成、网络工程、企业信息化、网站设计与开发、网页制作、电子商务、通信系统开发集成、自动化控制系统开发与集成、自动化工程、软件销售、技术支持、技术服务、技术培训、网络设备安装与维修、智能网络控制系统设备的设计及安装、网络系统工程设计与安装、安全防范设备的安装与维护、网络设备和电子科技产品等的销售及技术开发。

- **软件公司的经营范围**：从事计算机软件领域内的技术开发、技术咨询、技术服务、商务信息咨询（除经纪）、通信工程、计算机网络工程、计算机、软件及辅助设备（除计算机信息系统安全专用产品）销售；开发、制作、测试互联网络系统操作软件及应用软件、销售自产产品、提供相关的技术咨询服务、计算机信息科技领域内的技术开发、技术咨询、技术转让、技术服务，计算机软硬件的开发与销售、计算机系统服务、电脑图文设计、制作。

以上电子科技公司的经营范围仅供参考，具体以登记机关为准。

4.5.2　行政许可证的申办

电子科技类公司的工商注册的主要流程与前面介绍的工商注册相同，但是针对这一行业的特殊经营范围，某些业务需要依法批准，经相关部门批准后方可开展经营活动，且涉及行政许可经营的凭行政许可证经营。

行政许可依法由地方人民政府两个以上部门分别实施的，本级人民政府可以确定一个部门受理行政许可申请，该部门受理后要转告有关部门，分别提出意见后统一办理，或者组织有关部门联合办理、集中办理。因此，申请人直接将申报材料送行政机关办公处即可。

4.6　开办快递公司的工商注册

快递公司是由有邮递功能的门对门物流活动所衍生出的服务类公司，创业者可以单独注册一家快递公司，也可以加盟已有的快递公司，下面将详细介绍。

4.6.1　注册快递公司需要符合的条件

创业者如果要开办一家快递公司，首先要审核自己是否符合快递公司的注册条件，其具体条件要求如下。

- 符合企业法人条件。

- 在省、自治区、直辖市范围内经营的，注册资本不低于人民币五十万元；跨省、自治区、直辖市经营的，注册资本不低于人民币一百万元；经营国际快递业务的，注册资本不低于人民币二百万元。

- 有与申请经营的地域范围相适应的服务能力。

- 有严格的服务质量管理制度，包括服务承诺、服务项目、服务价格、服务地域、赔偿办法、投诉受理办法等，有完备的业务操作规范，包括收寄验视、分拨运输、派送投递、业务查询等制度。

- 有健全的安全保障制度和措施，包括符合国家标准的各项安全措施，保障收寄、运输、投递安全，快递服务人员和用户人身安全等制度，有专人负责安全管理工作。

- 法律、行政法规规定的其他条件。

经营快递业务，应当按照《中华人民共和国邮政法》规定取得快递业务经营许可，未经许可的任何单位和个人不得经营快递业务。并且，外商不得投资经营信件的国内快递业务（从收寄到投递的全过程均发生在中华人民共和国境内的快递业务）。

4.6.2　快递业务经营许可证的申请资料

要注册一家快递公司，最重要的就是需要有快递业务经营许可证，如果要申办该证，需要准备以下资料。

- 快递业务经营许可申请书。

- 工商行政管理部门出具的企业名称预核准通知书，或者企业法人营业执照正、副本原件，外商投资企业还应当提供国家有关部门颁发的外商投资企业批准证书。

- 验资报告、场地使用证明。

- 《快递业务经营许可管理办法》中的第六、七、八和九条规定条件的相关材料。

- 国务院邮政管理部门规定的其他材料。

需要说明的是，申请快递业务经营许可，在省、自治区、直辖市范围内经营的，应当向所在地的省、自治区、直辖市邮政管理机构提出申请；跨省、自治区、直辖市经营或者经营国际快递业务的，应当向国务院邮政管理部门提出申请；申请时应当提交申请书和有关申请材料。除此之外，申请人还可直接上网申请。

4.6.3　快递业务经营许可证的申办流程

在所有材料准备齐全后，即可申办快递业务经营许可证，其方法比较简单，可以直接向所在地的邮政管理局提出申请，或者登录中华人民共和国国家邮政局官网（http://www.spb.gov.cn/），单击"服务"导航按钮，找到"政务服务"栏，单击"快递业务经营许可"超链接，如图4-12所示。

图4-12　通过网上提出快递业务经营许可申请

在打开的页面中单击"快递业务经营许可管理信息系统"超链接，如图4-13所示，进入快递业务经营许可管理信息系统。

图4-13　进入快递业务经营许可管理信息系统

在打开的页面中单击"注册申请"超链接，如图 4-14 所示，页面自动进入到快递业务经营许可的申请指南页面，单击"下一步"按钮，然后根据向导提示逐步完善申请资料的填写即可。

图 4-14　单击"注册申请"超链接

提交申请成功后，邮政管理部门在受理之日起的 45 日内对申请材料审查核实，做出批准或不予批准的决定。材料审核通过并予以批准的，则颁发《快递业务经营许可证》；不予批准的，书面通知申请人并说明理由。申请人凭《快递业务经营许可证》向工商行政管理部门办理设立或者变更登记。

4.6.4　如何加盟快递公司

自己注册一个快递公司，手续麻烦，而且注册资金比较高，对于一般普通的创业者而言，如果想做快递行业，可以加盟一些大的快递公司，给一些加盟费就可以了，其具体的流程如图 4-15 所示。

申请者通过网上、电话、邮件等方式了解当前哪些区域未开设网点。

获得营运中心确认后，申请者提交加盟申请，等待审核。

经审核、考察和必要的调查后，对条件符合要求的申请者下发《网络个人履历表》，约定签约日期。

与快递总公司签订网络加盟协议书时，须一次性向总公司缴纳网络建设费和风险保证金及相关费用，新开通的网点则以签订日期为准。

各区域内的加盟，须征得营运中心批复同意后方可与当地区域的总公司授权的分公司签订速递网络加盟协议书，并一次性支付网络建设费和风险保证金及相关费用给当地授权分公司，对未经营运中心批复同意私自向当地区域缴纳费用的加盟公司和个人，网络总公司一律不予认可，其一切事务与网络总公司无关。

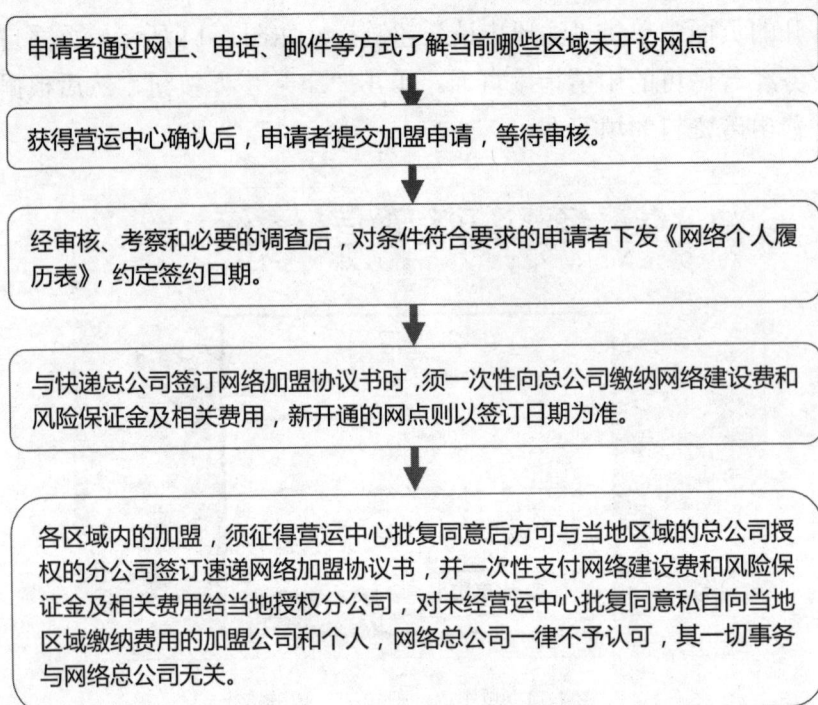

图 4-15　加盟快递公司的流程

第5章

开公司的税务问题和账户开立

公司成立并开始运营以后，就会涉及税务和账户开立问题，税务方面的问题往往是创业者感觉最头痛的问题。我国税目众多，不同类型和规模的公司应缴纳的税种也不尽相同，而同一公司的不同账户也有不同的用途，鉴于此种情况，本章将对税务和账户开立的问题进行详细讲述。

国税地税的合并

税务变更如何办理

申请领购发票

不同中小型公司的交税标准

企业最容易忽视的三大赋税

了解国家退税规则

基本户的开立

一般户的开立

5.1 基础税务登记

在社会主义市场经济发展的过程中，国家每年的财政收入绝大部分都来自于税收，这也使其在财政上的地位和作用日益凸显。税收具有组织财政收入、调控经济以及调节社会分配的职能，在接下来的内容中，我们将根据实际情况讲述与税收相关的问题。

5.1.1 国税地税的合并

国税和地税主要是针对税务机关而言，并非是指税种，两者是依据税收的征收管理权及收入支配权进行分类而产生的。

在国税地税没有合并之前，国税又称中央税，由国家税务局系统征收，是中央政府收入的固定来源，归中央所有；地税是中央税的对称。由地方税务局征收、管理和支配。地税属于地方固定财政收入，由地方管理和使用。同时，国家税务局系统和地方税务局系统分属国家不同的职能部门，一般应遵循分开办公原则。

但根据《第十三届全国人民代表大会第一次会议关于国务院机构改革方案的决定》、《全国人民代表大会常务委员会关于国务院机构改革涉及法律规定的行政机关职责调整问题的决定》和《国务院关于国务院机构改革涉及行政法规规定的行政机关职责调整问题的决定》（国发〔2018〕17 号），税务部门规章规定的国税地税机关的职责和工作，调整适用相关规定，由新的税务机关承担。

也就是说，将省级和省级以下的国税地税机构进行合并，为"税务局"和"税务局（分局）"，具体承担所辖区域内的各项税收以及非税收入征管等职责。国税地税机构合并后，实行以国家税务总局为主，与省（区、市）人民政府双重领导管理体制。

中国国际税收研究会的某位理事表示，虽然国地税机构进行了合并，但按税种划分中央与地方收入的这种分税制是不会改变的，属于地方的税收还是要划归地方，属于中央的税还是归中央，只是划分方式可能有所调整。

5.1.2 什么是税务登记

税务登记又称纳税登记，是税务机关根据税法规定，对纳税人的生产经营活动进行登记管理的一项法定制度,也是纳税人依法履行纳税义务的法定手续。它是税务机关对纳税人实施税收管理的首要环节和基础工作,是征纳双方法律关系成立的依据和证明。

税务登记的种类可以细分为开业登记、变更登记、停业登记、复业登记、注销登记和外出经营报验登记六大类。根据登记的事项不同,所需办理的手续也有所差别。

税务登记是征收管理税收的起点,它针对的对象是纳税人和扣缴义务人。即指以下所述的对象。

- **从事生产经营的纳税人**:企业,企业在外地设立的分支机构和从事生产、经营的场所,个体工商户和从事生产、经营的事业单位。
- **非从事生产经营但依照规定负有纳税义务的单位和个人**:前款规定以外的纳税人(不包括国家机关、个人和无固定生产经营场所的流动性农村小商贩)。
- **扣缴义务人**:负有扣缴税款义务的扣缴义务人(国家机关除外),应当办理扣缴税款登记,享受减免税待遇的纳税人需要办理税务登记。

税务登记不仅仅只是对公司发生的事项做记录,它具有更多更深层次的意义和作用,具体内容如下。

- 有利于税务机关了解纳税人的基本情况,掌握税源。
- 有利于加强税收的征收管理,防止漏管漏征及偷税漏税行为的发生。
- 有利于建立税务机关与纳税人之间正常的工作联系,强化税收政策和法规的宣传,增强纳税对象的纳税意识等。

5.1.3 如何进行税务登记

税务登记并没有想象中那么烦琐复杂,只需经办人携带应提交的资料到公司经营所在地的税务机关按流程办理相关手续即可。

根据纳税人性质的不同,可将其分为单位纳税人、个体工商户和临时纳税人3种类型。在进行税务登记时,3种类型的纳税人都需要提供《税务登记表》、工商营业执照或其他核准执业证件原件及复印件。其他所需材料下面分别进行介绍。

(1) 单位纳税人税务登记

单位纳税人在进行税务登记时应提供的其他基本资料如下。

- 法定代表人（负责人）居民身份证、护照或其他证明身份的合法证件原件及其复印件。
- 有关合同、章程以及协议书复印件。
- 公司注册、生产经营地址证明（不动产权证、租赁协议）原件及其复印件。

其中对于公司提供的房产证明也有一定的规定，具体要求如下。

- 房产属于自有，则需提供不动产权证或买卖契约等合法的证明原件及复印件相关合同、章程以及协议书复印件。
- 房产为租赁的场所，需提供租赁协议原件及复印件，出租人为自然人的还需提供产权证明的复印件。
- 如果生产经营地址与注册地址不一致，还应分别提供相应证明。

除了上述所需的基本资料以外，根据不同的情况，单位纳税人还应按规定提供其他相关资料。具体应提交的资料如图 5-1 所示。

1	提供房屋、土地、车船情况登记表，以及土地使用证、机动车行驶证等证件的复印件。
2	验资报告或评估报告原件及其复印件（办理工商营业执照时需要的，办理税务登记应当提供）。
3	纳税人跨县（市）设立的分支机构办理税务登记时，还需提供总机构的税务登记证（国、地税）副本复印件。
4	改组改制企业还需提供有关改组改制的批文原件及其复印件。外商投资企业还需提供商务部门批复设立证书原件及复印件。
5	汽油、柴油消费税纳税人还需提供企业基本情况表、生产装置及工艺路线的简要说明、企业生产的所有油品名称、产品标准及用途。

图 5-1 单位纳税人应提供的其他资料

(2) 个体工商户税务登记

个体工商户在进行税务登记时，所需提供的资料没有单位纳税人那么复杂，如图 5-2 所示。

1	业主身份证原件及其复印件。
2	负责人居民身份证、护照或其他证明身份的合法证件原件及其复印件。
3	房产证明（不动产权证、租赁协议）。

图 5-2　个体工商户应提供的资料

有时，个体工商户还需提供《房屋、土地、车船情况登记表》。另外，对于个体工商户房产证明的要求与单位纳税人一致。

（3）临时纳税人税务登记

临时纳税人在进行税务登记时应提供的资料包括法定代表人（负责人）居民身份证、护照或其他证明身份的合法证件原件及其复印件、项目合同或协议及其复印件。

5.1.4　税务变更如何办理

变更税务登记是指纳税人税务登记内容发生变化时，向税务机关申报办理的一种税务登记手续。根据变更事项的不同，税务变更登记可划分为工商变更登记和非工商变更登记两大类。纳税人办理税务变更的情形包括以下几种情形。

- 纳税人改变单位或法定代表人名称。
- 纳税人改变经营方式、经营权限、经营范围及经营地址。
- 纳税人增加注册资金、改变核算方式、开户银行及账户。
- 纳税人改变投资方。
- 纳税人改变分支机构负责人。
- 纳税人的分支机构申请变更其总机构相关登记信息和总机构变更其分支机构相关登记信息。
- 变更纳税人识别号。
- 其他税务变更登记。

纳税人已在工商行政机关或其他机关办理变更登记的，应当自办理工商变更登记之日起 30 日内，持下列有关证件向原主管国家税务机关提出变更登记书面申请报告。具体所需的证件资料如图 5-3 所示。

1	变更申请书及一式三份的变更税务登记表。
2	变更后工商营业执照或其他核准执业证书原件及复印件一式两份。
3	股东会决议、章程修正案（涉及章程内容变更的）复印件各一式两份。
4	涉及变更内容的决议以及相关证明文件等。

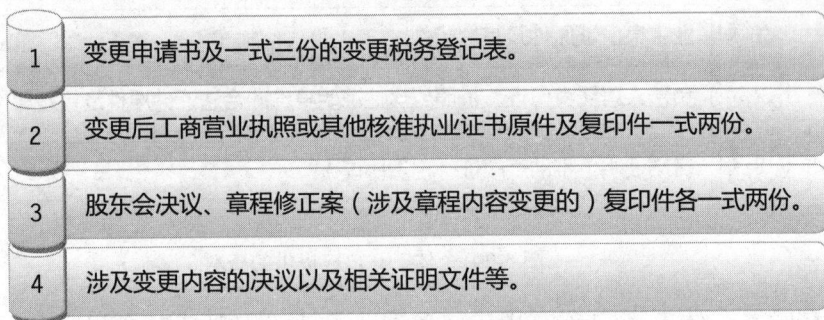

图 5-3　税务变更所需提供的资料

如果登记属于工商变更登记，则需要再提供一份工商变更登记表。

纳税人在办理税务变更的时候，应当在税务机关的协助监督下，根据相关的规定如实地履行以下的职责。

- 办理转让、合并、分股、联营或营业地址迁出原登记税务机关管辖范围内的，变更税务登记前，应在原登记税务机关及时注销税务登记，同时结清应纳的税款，滞纳金和罚款。
- 对纳税人名称、法人代表、注册类型或核算形式等事项变更的情况，应该根据各事项的实际情况进行税票清理和税务检查。
- 税票清理工作完成以后，对未使用的发票，企业应填列清单，将发票种类、名称、起止号码以及册数如实填写清楚，纳税人和税务机关各执一份，并将所有发票和纳税缴款书全部交回。

5.1.5　申请领购发票

依法办理税务登记的单位和个人，在税务登记手续办理完毕后，应向主管税务机关申请办理领购发票资格认定以获得领购发票的权利。

在办理资格认定的时候，纳税人需要到办税服务中心办理以下手续。

- 领取并填写《纳税人领购发票票种核定申请表》，一式两份。
- 提供五证合一的营业执照、经办人的身份证明、财务专用章或发票专用章印模。

经主管税务机关审核通过后，纳税人就可以领取主管税务机关发放的《发票领购簿》，并准备申请领购发票的相关事宜。

首次申请领购发票所需提供的资料包括如图 5-4 所示。

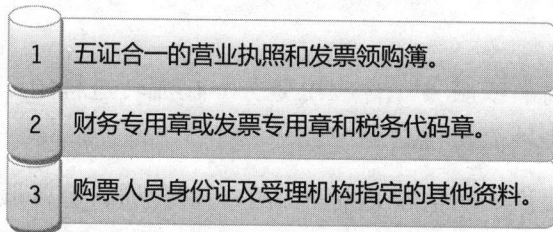

图 5-4　申购发票所需的资料

对于非首次申请领购发票的纳税人，还应提供已用发票存根。纳税人在办理购票申请时，需注意以下事项。

- 严格按照发票领购簿上填写的发票的种类、数量以及领购方式向主管税务机关领购发票。
- 非当地人员购买发票的，除携带本人身份证外，还应携带当地公安部门核发的居住证。

5.1.6　不同中小型公司的交税标准

为了平衡经济的发展，也为了确保公司经营者能获取应得的利益，根据公司的规模、性质以及经营范围，国家制定了不同的纳税标准，由于税收种类较多，这里只列举 3 种常见的税收作为参考说明。

(1) 企业所得税

企业所得税是指对以纳税人从事的生产经营所得为课税对象所征收的一种税收，其纳税对象包括中华人民共和国境内的企业（居民企业及非居民企业）和其他取得收入的组织。

新所得税法规定企业所得税的法定税率为 25%。内资企业和外资企业税率保持一致，但对于国家需要特别保护的行业，其纳税税率有所不同，具体如图 5-5 所示所述。

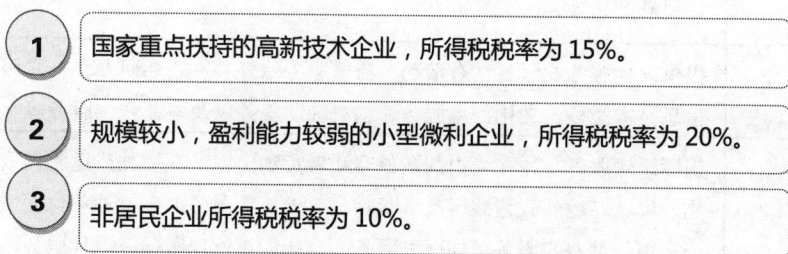

图 5-5　特殊行业企业所得税税率

（2）增值税

增值税是以商品或服务（含应税劳务）在流转过程中产生的增值额作为计税依据而征收的一种流转税。

从计税原理上说，增值税是对商品生产、流通、劳务服务中多个环节的新增价值或商品的附加值征收的一种流转税，实行价外税，即税费由消费者负担。

> 🔍 **价外税**
>
> 价外税是按照税收与价格的组成关系进行分类而形成的，是一种税款不包含在商品价格内的税。
>
> 价外税通常被认为是商品经济的产物，有利于发挥价格和税收各自的独特作用，便于消费者对价格和税收进行监督，同时也便于企业根据市场情况确定价格。
>
> 价外税是由购买方承担税款，销售方取得的货款包括销售款和税款两部分。
>
> 价外税的计算公式为：税款=不含税价格×税率=（含税价格／（1+税率））×税率。

增值税的纳税对象分为一般纳税人和小规模纳税人两种类型。其中一般纳税人适用的税率分别有 16%、10%、6% 以及 0%，这是最常见的 4 种税率。具体税率适合的行业和税目如表 5-1 所示。

表5-1　各行业和税目适用的税率

税率	税率适用行业和税目
16%	销售货物或者提供加工、修理修配劳务以及进口货物。提供有形动产租赁服务，包括有形动产融资租赁和有形动产经营性租赁
10%	提供交通运输业服务；农产品（含食、食用植物油）；自来水、暖气、冷气、热水、煤气、石油液化气、天然气、沼气以及居民用煤炭制品；图书、报纸、杂志、音像制品、电子出版物；饲料、化肥、农药、农机、农膜和二甲醚产品等
6%	提供现代服务业服务（有形动产租赁服务除外），包括研发和技术服务、信息技术服务、文化创意服务、物流辅助服务以及鉴证咨询服务等
0%	国际运输服务，如在境内载运旅客或者货物出境、在境外载运旅客或者货物入境、在境外载运旅客或者货物；航天运输服务；向境外单位提供的完全在境外消费的服务，如研发服务、合同能源管理服务、设计服务、广播影视节目（作品）的制作和发行服务、软件服务、电路设计及测试服务等

以上是针对一般纳税人而制定的税收税率，对于小规模纳税人而言，其所适用的征税率一般为 3%。

（3）消费税

消费税是以消费品的流转额作为征税对象的各种税收的统称，是一种间接税，实行价内税。

> **价内税**
>
> 价内税是价外税的对称，根据税收与价格的组成关系分类形成，是一种税款包含在商品价值或价格之内的税，在计划价格条件下，可以直接参与企业利润的调节。
> 价内税是由销售方承担税款，销售方取得的货款就是其销售款，而税款由销售款来承担并从中扣除。
> 价内税的计算公式为：税款=含税价格×税率。

消费税的征收范围包括 5 种类型的产品，根据不同的类别制定出与之相应的税率，具体情况如表 5-2 所示。

表 5-2　消费税税目税率表

税目	税率
一、烟	
1. 卷烟	
（1）甲类卷烟	56%加 0.003 元/支
（2）乙类卷烟	36%加 0.003 元/支
（3）批发环节	5%
2. 雪茄烟	36%
3. 烟丝	30%
二、酒及酒精	
1. 白酒	20%加 0.5 元/500 克（或者 500 毫升）
2. 黄酒	240 元/吨
3. 啤酒	
（1）甲类啤酒	250 元/吨
（2）乙类啤酒	220 元/吨
4. 其他酒	10%
三、高档化妆品	15%

续表

税目	税率
四、贵重首饰及珠宝玉石	
1. 金银首饰、铂金首饰和钻石及钻石饰品	5%
2. 其他贵重首饰和珠宝玉石	10%
五、鞭炮、焰火	15%
六、成品油	
1. 汽油	1.52 元/升
2. 柴油	1.2 元/升
3. 航空煤油	1.2 元/升
4. 石脑油	1.52 元/升
5. 溶剂油	1.52 元/升
6. 润滑油	1.52 元/升
7. 燃料油	1.2 元/升
七、摩托车	
1. 气缸容量在 250 毫升（含）以下的	3%
2. 气缸容量在 250 毫升（不含）以上的	10%
八、小汽车	
1. 乘坐用车	
（1）气缸容量在 1.0 升（含 1.0 升）以下	1%
（2）气缸容量在 1.0 升以上至 1.5 升（含 1.5 升）	3%
（3）气缸容量在 1.5 升以上至 2.0 升（含 2.0 升）	5%
（4）气缸容量在 2.0 升以上至 2.5 升（含 2.5 升）	9%
（5）气缸容量在 2.5 升以上至 3.0 升（含 3.0 升）	12%
（6）气缸容量在 3.0 升以上至 4.0 升（含 4.0 升）	25%
（7）气缸容量在 4.0 升以上的	40%
2. 中轻型商用客车	5%
3. 超豪华小汽车	按子税目 1 和子税目 2 的规定征收，零售环节 10%
九、高尔夫球及球具	10%
十、高档手表	20%
十一、游艇	10%
十二、木制一次性筷子	5%

税目	税率
十三、实木地板	5%
十四、涂料	4%
十五、电池	4%

5.2　开办公司可能面临的税务问题

对于刚刚成立的新公司而言，首先需要面临的就是税务问题，如果公司能够对税务的相关知识和规则运用自如，而不仅仅只是停留在需要缴税的认知上，那么这必将有利于公司的良好发展。

5.2.1　一个新公司会面临哪些赋税

万丈高楼平地起，想要熟练地运用税务知识来管理公司的运营，还需要从基础做起，首先应该做的事情就是来了解一下公司在成立初期常常会面临哪些税收。

一般情况下，公司可能会涉及的税收情况如下所述。

- **增值税**：一般纳税人税率是 16%（不含特殊行业），但可以进行进项税额抵扣，小规模纳税人税率 3%。
- **附加税**：城建税的税率是 7%、5%或 1%，计税基础是增值税和消费税总额；教育费附加的税率是 3%，计税基础是增值税和消费税总额；地方教育费附加的税率是 2%，计税基础是增值税和消费税总额。
- **企业所得税**：一般的税率为 25%，但不同类型和规模的公司，税率也会有所不同。
- **契税**：是土地、房屋权属转移时向其承受者征收的一种税，因此，当公司成立初期租用土地或房产时，要缴纳契税，税率在 3%～5%之间。
- **城镇土地使用税**：国家在城市、县城、建制镇、工矿区范围内，对使用土地的单位和个人，以其实际占用的土地面积为计税依据，按照规定的税额计算征收的一种税。大城市 1.5～30 元/平方米，中等城市 1.2～24 元/平方米，小城市 0.9～18 元/平方米，县城、建制镇和工矿区 0.6～12 元/平方米。

● **注册资本印花税**：主要针对记载资金的营业账簿征税，税率是注册资本的 0.5‰。

5.2.2 企业最容易忽视的三大赋税

不管是新成立的还是经营多年的企业，它们都存在一个共通点，那就是忽略了一些税收，在实际经营中，企业最容易忽视的三大税收来源于年末借款未还、转增注册资本征税问题以及企业为个人消费性、财产性支出的涉税处理。

(1) 年末借款未还

年末借款不还的情形有很多，这里以个人投资者从其投资对象企业（不包括个人独资企业和合伙企业）借款长期不还的处理问题为例，列举 3 种常见的发生事项处理办法，具体情况如图 5-6 所示。

1 在某一纳税年度（指公历 1 月 1 日至 12 月 31 日）内个人投资者向投资对象企业借款，但在该纳税年度结束的时候，并未归还款项，也未用于企业的生产经营，那么这一借款就可视为企业对个人投资者的红利分配，依照"利息、股息、红利所得"项目对该个人投资者计征个人所得税。

2 个人投资者向投资对象企业借款超过 12 个月，在超过 12 个月的该纳税年度结束后，既未归还这部分借款，又未用于企业生产经营，即可将其视为企业对个人投资者的红利分配，依照"利息、股息、红利所得"项目对该个人投资者计征个人所得税。

3 如果个人投资者的借款发生在《财政部、国家税务总局关于规范个人投资者个人所得税征收管理的通知》（财税〔2003〕158 号）生效前，从该文生效之日算起，超过 12 个月并在其所属纳税年度结束后既不归还，又未用于企业生产经营的，应将其视作企业对个人投资者的红利分配，依照"利息、股息、红利所得"项目对该个人投资者计征个人所得税。

图 5-6 年末未还借款的处理

(2) 转增注册资本征税问题

在经营管理的过程中，有时会遇到需要转增注册资本的事项，这必然会涉及相关的征税问题。

这里以有限责任公司使用税后利润及资本公积金转增注册资本的情况为例，就其产生的征税问题做出介绍说明，具体情况如图 5-7 所示。

① 个人股东将其所得再投入公司（转增注册资本）。
对于此部分资本应按照"利息、股息、红利项目"征收个税。资本公积金转增股本（股份制企业发行溢价股票产生收入而形成的）由个人所得的数额，不作为应税所得征收个人所得税。

② 公司制企业歇业清算时对未分配利润、盈余公积金的税务处理。
对于全部或者部分由个人投资者创办的有限责任公司，在申请注销办理税务清算时，其结余的盈余公积和未分配利润，在依法弥补企业累计未弥补的亏损之后，应按个人投资者的出资比例计算分配个人投资者的所得，按"利息、股息、红利所得"项目对该个人投资者计征个人所得税。

③ 股份制企业派发红股征税问题。
股份制企业用盈余公积金派发红股属于股息、红利性质的分配，对个人取得的红股数额，应作为个人所得进行征税。
股份制企业在分配股息、红利时，以股票形式向股东个人支付应得的股息、红利，应以派发红股的股票票面金额为收入额，按"利息、股息、红利项目"对该个人计征个人所得税。

图 5-7 转增注册资本涉税处理

（3）企业为个人消费性、财产性支出的涉税处理

当个人投资者借用企业资金为自己、家人或他人支付其产生的消费性、财产性支出时，会涉及相关的税务处理问题。

根据《中华人民共和国个人所得税法》和《财政部国家税务总局关于规范个人投资者个人所得税征收管理的通知》的有关规定，符合以下情形的房屋或者其他财产，不论所有者是以无偿形式还是有偿形式将财产交给企业使用，从实质来说均为企业对个人进行了实物性质的分配，应依法计征个人所得税。

● 企业出资购买房屋及其他财产，将所有权登记为投资者个人、投资者家庭成员或企业其他人员。

● 企业投资者个人、投资者家庭成员或企业其他人员向企业借款用于购买房屋及其他财产，将所有权登记为投资者个人、投资者家庭成员或企业其他人员，且借款年度结束以后并未归还借款。

对于其他形式的纳税人涉及以上类型支出的，其处理办法有所不同，实际情况如下。

- 对个人独资企业、合伙企业的个人投资者或其家庭成员取得的上述所得，视为企业对个人投资者的利润分配，按照"个体工商户的生产、经营所得"项目计征个人所得税。

- 对除个人独资企业、合伙企业以外其他企业的个人投资者或其家庭成员取得的上述所得，视为企业对个人投资者的红利分配，按照"利息、股息、红利所得"项目计征个人所得税。

- 对企业其他人员取得的上述所得，按照"工资、薪金所得"项目计征个人所得税。

5.2.3　了解国家退税规则

退税是指国家按规定退还纳税人已纳税款，目的在于鼓励纳税人从事或扩大某种经济活动。

在实际生活中，退税通常包括出口退税、复出口退税、再投资退税以及溢征退税等多种形式，纳税人通过了解它们各自的退税原则，就可以更好地利用这些规定节省支出。

（1）出口退税

出口产品退（免）税简称出口退税，是指对出口产品退还其在国内生产和流通环节实际缴纳的增值税和消费税。

出口产品退税制度，是一个国家税收的重要组成部分，通过退还出口产品的国内已纳税款来平衡国内产品的税收负担。

出口退税的范围包括我国出口的属于已征或应征增值税和消费税的产品（国家明确规定不予退还已征税款或免征应征税款的产品除外）。

根据退税规定可知，一般情况下，出口产品应同时具备以下 3 个条件才能享有退税的资格。

- 属增值税和消费税征收范围的产品。

- 必须是报关离境出口的货物。这是区分产品是否属于应退税出口产品的重要标准，以加盖海关验讫章的出口报关单和出口销售发票为准。

- 必须是在财务上做出口销售处理的货物。

- 必须是已收汇并经核销的货物。

但是国家对退税的产品也做了特殊规定，特准某些产品视同出口产品予以退税。特准退税的产品如图 5-8 所示。

1	外轮供应公司销售给外轮、远洋货轮和海员的产品。
2	对外修理、修配业务中所使用的零配件和原材料。
3	对外承包工程公司购买国内企业生产、用于对外承包项目的机械设备和原材料。
4	国际招标国内中标的机电产品。

图 5-8　国家特准退税产品

在其他条件相同的情况下，因为我国享有出口退税权利的产品是以不含税成本进入国际市场的，所以在产品竞争上具有一定的优势条件，这不仅增强了我国产品的竞争能力，也有利于出口贸易的发展。

但是在如此有益国家经济发展的规定下，国家仍然明确规定了一些不予退税的出口产品，具体内容如下。

- 未含税的产品、出口原油。
- 援外出口产品、军需工厂销售给军队系统的出口产品以及国家禁止出口的产品等。
- 出口企业收购出口外商投资的产品。
- 个人在国内购买、自带出境的商品。

这里只列举了一部分不予退税的产品，详细的有关不予退税产品的信息请参见出口退税的规则规定。

在出口退税的规定中，不仅有部分产品不予退税，而且对享有这种退税权利的企业也有一定的限制要求，那么哪些企业是有权享受这种福利的呢？具体情况如下所述。

- 具有外贸出口经营权并承担国家出口创汇任务的企业，包括由经贸主管部门批准，享有独立对外出口经营权的中央和地方外贸企业、工贸公司和部分工业生产企业。
- 委托出口的企业，主要指具有出口经营权的企业代理出口，承担出口盈亏的企业。

目前实施的外商投资企业出口货物退税办法包括"先征后退"和"免、抵、退"税。其中"先征后退"是指生产企业自营出口或委托代理出口的货物，先按照有关条例规定的征税率征税，再由主管出口退税业务的税务机关根据国家出口退税计划规定的退税率审批退税。

（2）复出口退税

复出口退税是指对已纳进口关税的进境货物，在境内经加工、制造或修理后复出境时，海关全部或部分退还原已纳关税税额的行为。

复出口退税应由原纳税人在原征税海关办理了有关货物的复出口手续后，由海关根据实际出口货物所消耗的料件数量核定应退还关税的税额，并填发收入退还书，以便原纳税人凭此向指定银行办理退税手续。

复出口退税制度有着它自己的优缺点，具体如下。

- 对那些既不具备有效保税条件，又不易管理的分散加工的进口料件，可以起到严格监督管理的作用，很大程度上防止了以进口料件加工为名而偷逃关税供境内消费的行为发生。

- 该制度并非十分完善，它的不足表现在有关加工企业需先行支付税款，待成品出口后才能退还关税，因此而占用了部分资金，这使得企业需增加加工期间的利息成本。

（3）再投资退税

再投资退税是国家为了鼓励外国投资者将从企业取得的利润在中国境内再投资而制定的一项优惠政策，具体内容如图 5-9 所示。

> **1**
> 外国投资者将从该企业取得的利润直接再投资于该企业，增加注册资本，或者作为资本投资开办其他外商投资企业，经营期不少于 5 年的，经税务机关批准，可退还其再投资部分已缴纳所得税税款的 40%。再投资不满 5 年撤出的，应当缴回已退的税款。

> **2**
> 外国投资者将其从企业分得的利润在中国境内直接再投资举办、扩建产品出口或先进技术企业的，将从经济特区内企业分得的利润直接再投资于经济特区内的基础设施项目和农业开发企业，经营期不少于 5 年的，可以全部退还其再投资部分已纳的企业所得税税款。再投资不满 5 年撤出的，应当缴回已退的税款。

图 5-9 再投资退税政策

再投资退税额的计算公式为：退税额=再投资额÷（1－实际适用的企业所得税税率或地方所得税税率）×实际适用的企业所得税税率×退税比例。在计算税额时应严格按照公式计算项进行。

（4）溢征退税

溢征退税是指纳税人缴纳关税以后，海关或纳税人发现实征税额多于应征税额时，海关将多征收的部分追还给纳税人的行政行为。

溢征退税的情形较为常见，根据中国现行海关法的规定，属于溢征退税范围的具体情况如下。

- 已经征收了出口税，但因故而未能将货物装运出口的申报退关者。
- 海关核准免除检验的进口货物，且税后发现有短卸（包括装船时短装）的现象。
- 海关放行后发现货物不符合规定标准，索赔后不再补偿进口者的情况。
- 海关认定事实或适用法律错误或运用不当的。
- 海关计征关税中有技术性错误。
- 海关放行前，货物进口征收关税后，发现国外运输或起卸过程中遭受损坏或损失，并不再补偿进口。
- 依法享受减免关税优惠，但申报时未能缴验有关证明，征税后将其补交齐全并经海关同意者。

5.3 验资户的开立

公司注册的过程中可能涉及账户的开立，验资户就是公司所需开设的银行账户之一，它也是较为简单的一个账户。有关具体事项，将在接下来的内容中逐一进行讲述。

5.3.1 什么是验资户

银行验资户属于临时存款账户的一种，是存款人因临时需要并在规定期限内使用而开立的银行结算账户，即企业注册验资期间为此而临时开立的账户。

注册验资的临时存款账户在验资期间只收不付，客户可以采用现金、票据及电汇等方式办理资金汇缴，其汇缴人应与出资人的名称一致，具体包含的情形如下。

● 采用现金缴纳注册验资资金的汇缴人名称应与填列在现金缴款单上的缴款单位的名称一致。

● 采用本票缴款的，汇缴人需要以书面形式向银行注明出资人资金来源（即办理本票时申请人名称及账号，以便注册未成功时，向注明的出资人退资）。

● 采用除本票外的票据缴款的汇缴人名称应与进账单上的出票人名称保持一致。

● 采用电汇缴款的汇缴人名称与收账通知单上的汇款人名称一致。

验资过程完成后，除分批次验资的可以考虑暂时不注销账户以外，其余情况一般都应选择注销。

5.3.2　开立验资户需要哪些材料

在了解清楚验资户的功能和作用以后，就应该准备账户开立的相关事宜了，毫无疑问，提前准备好开户所需提供的资料是首先要做的事情。

开立验资户具体所需的资料如图 5-10 所示。

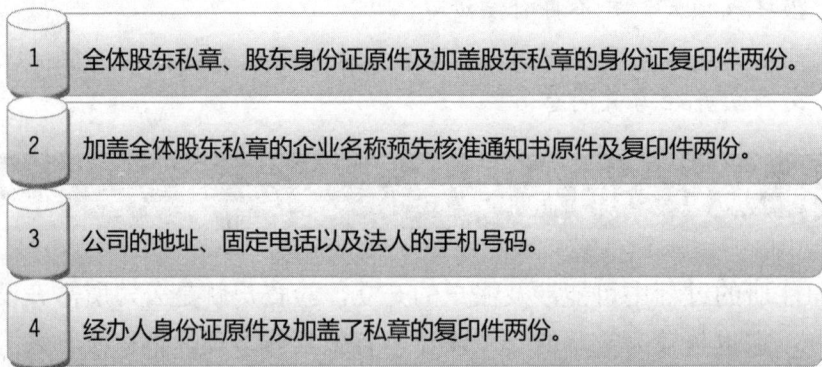

1	全体股东私章、股东身份证原件及加盖股东私章的身份证复印件两份。
2	加盖全体股东私章的企业名称预先核准通知书原件及复印件两份。
3	公司的地址、固定电话以及法人的手机号码。
4	经办人身份证原件及加盖了私章的复印件两份。

图 5-10　开立验资户所需的资料

在准备资料提交的过程中，若是选择委托办理开户相关事务的方式，还应提交一份授权委托书。

5.3.3　开立验资户的步骤

准备好所需的资料以后，就可以将资料携带到银行办理相关事宜了，此时银行首先会提供相关的资料由经办人填写，经办人按照规定如实填写完有关内容以后，差不多就算是完成验资户的开立了，剩余的手续交由银行办理。

开立验资户时，银行提供的资料如下。

● 一份开验资户的申请表。

● 账户管理协议两份，公司与银行各留一份。

● 授权书和印鉴卡（需填写 3 张）。

以上所有的资料都需加盖全体股东私章。

在办理开户的时候，需要注意以下事项。

● 开立验资户预留的私章是办理验资户注销或注册资金转户的重要材料，必须妥善保管。

● 以股东名义出资时以公司名称预先核准通知书上的投资比例为准。

● 银行开户与公安局系统联网，若该股东在公安局系统里没有相片，银行会要求审核该股东的驾驶证或户口簿等。

● 跨行跨省办理入资手续的，入资时间均以注册资金到验资户账号为准，而不以股东入资时间为准。

5.4　基本户的开立

验资完成以后，即可准备基本户的开设。开立基本户的银行可与验资户开户行保持一致，也可以另外选择新的开户行，这需要根据企业的实际情况做出选择。

5.4.1　什么是基本户

基本存款账户是办理转账结算和现金收付的主办账户，经营活动的日常资金收付以及工资、奖金和现金的支取均可通过该账户办理。

开立基本存款账户是开立其他银行结算账户的前提。按人民币银行结算账户管理办法规定，一家企业单位只能选择一家银行申请开立一个基本存款账户。

基本户的适用对象范围很广，具体如下。

● 企业法人和非法人企业。

● 个体工商户、民办非企业组织和社会团体。

● 机关单位和事业单位。

- 团级（含）以上军队、武警部队及分散执勤的支（分）队。

- 异地常设机构。

- 外国驻华机构。

- 居民委员会、村民委员会以及社区委员会。

- 单位设立的独立核算的附属机构。

- 其他组织。

5.4.2　开立基本户所需材料

和验资户的开立手续一样，基本户的开立也需要事先准备相关的资料，只是两者在准备的内容上有所不同。

开立基本户具体所需的资料如图 5-11 所示。

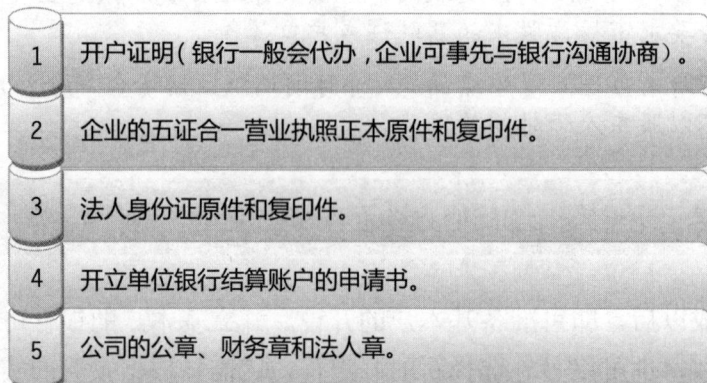

1	开户证明（银行一般会代办，企业可事先与银行沟通协商）。
2	企业的五证合一营业执照正本原件和复印件。
3	法人身份证原件和复印件。
4	开立单位银行结算账户的申请书。
5	公司的公章、财务章和法人章。

图 5-11　开立基本户所需的资料

如果是委托办理开户事宜，则需要提供一份法人（或负责人）授权委托证明书、代理人身份证原件和复印件。对于银行另行要求提供的其他资料，企业应按规定如实提供。

5.4.3　开立基本户的步骤

准备好开立基本户所需的资料以后，即可到银行办理开户手续。开立基本户的流程并不复杂，具体方法如图 5-12 所示。

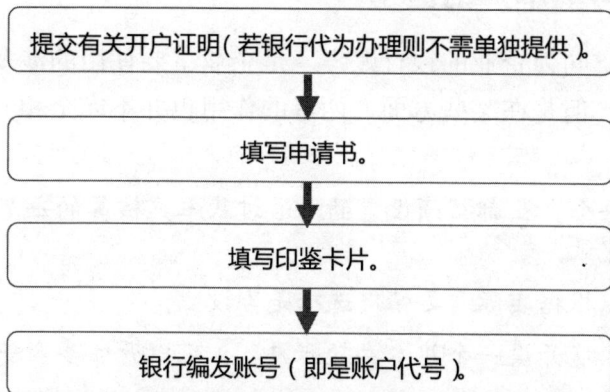

图 5-12　开立基本户的方法步骤

在办理开户流程中，需要加盖一套单位的印鉴卡，共一式三份，盖章时保证加盖的章印清晰。

如果银行不为企业代办开户证明，那么企业还需自己准备相关的证明文件。不同类型的企业所提交的证明文件有所差别。这里只列举几种类型较为特别的企业应提供的证明文件，具体情况如下。

- 机关和实行预算管理的事业单位，应出具政府人事部门或编制委员会的批文或登记证书和财政部门同意其开户的证明。
- 非预算管理的事业单位，应出具政府人事部门或编制委员会的批文或登记证书。
- 外地常设机构，应出具其驻在地政府主管部门的批文。
- 居民委员会、村民委员会和社区委员会，应出具其主管部门的批文或证明。
- 独立核算的附属机构，应出具其主管部门的基本存款账户开户许可证和批文。
- 其他组织应出具政府主管部门的批文或证明。

5.5　一般户的开立

一般户即一般存款账户，在企业运营的过程中，一般户是企业常会用到的账户之一，它是存款人因借款或其他结算需要，在基本账户开户行以外的银行营业机构开立的银行结算账户。

5.5.1　一般户与基本户的区别

一般户和基本户同为企业的银行账户，是企业主要使用的涉及业务款项往来最多的两大账户，但是在某些方面，两者的作用也并不完全相同，其具体的差别如下。

● 基本户是每个企业都必须设置的，通过基本户核算的每笔业务，企业都应详细记录。

● 一般户可以根据实际需要情况选择是否设立。

● 一个公司只能开设一个基本存款账户，但可以开立多个一般户。

● 基本户是唯一能够办理存取现金业务的存款户，而一般户不得提取现金，因此也不能办理现金支票业务，但可以办理存现业务。

对于一般户和基本户的关系，可以这么理解，凡是涉及现金存取、纳税款、社会保险款及缴纳政府部门的款项等都在基本户，而与其他公司及个人之间的转账常在一般户进行。

注意，虽然企业开立一般存款账户没有数量限制，可以自主选择不同经营理念的银行，也可以享受不同银行的特色服务，还可以分散在一家银行开立账户可能出现的资金风险。但是，一般存款账户不能在存款人基本存款账户的开户银行（指同一营业机构）开立。

5.5.2　什么样的公司适合开立一般户

从原则上来说，只要是已取得了营业执照的合法公司法人，都可以携带相关材料向任意银行申请开立一般银行账户。

根据一般账户的特点，为了能更有效率地利用一般户的优势为公司处理相关事宜，建议具有以下情况的公司开设一般户。

● 在基本存款账户以外的银行取得了借款。

● 与基本存款账户的存款人不在同一地点的附属非独立核算单位。

● 常涉及转账汇款但不需要经常办理取现业务的公司。

● 存在借款和其他结算需要。

5.5.3　开立一般户所需提供的资料

与前面开立验资户和基本户一样，开立一般户时也需要事先准备相关的资料，具体所需提供的资料如图 5-13 所示。

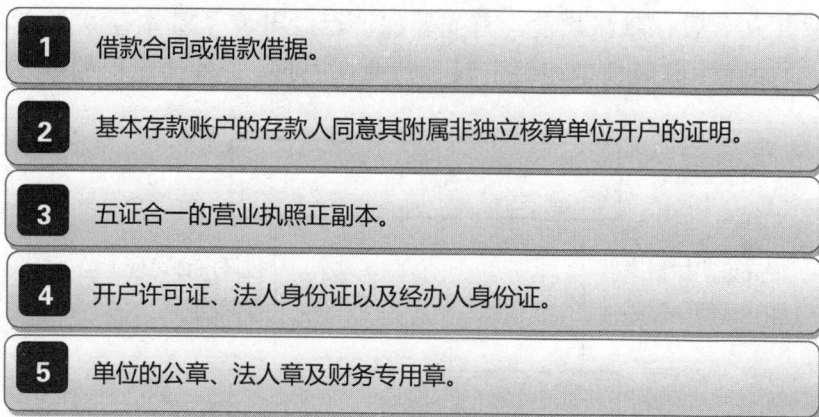

1	借款合同或借款借据。
2	基本存款账户的存款人同意其附属非独立核算单位开户的证明。
3	五证合一的营业执照正副本。
4	开户许可证、法人身份证以及经办人身份证。
5	单位的公章、法人章及财务专用章。

图 5-13　开立一般户所需资料

上述提供的资料均需要提交复印件。若是委托他人办理开设一般户的事宜，还需提供法人签字盖章的授权书及委托书一份。

在所需的资料准备齐全后，即可开始申请开立一般存款账户。

经办人需携带资料到开户行填制开户申请书，并提供相应的证明文件，送交盖有存款人印章的印鉴卡片，经银行审核同意后，即可开立该账户。

在使用一般户的过程中，企业的财务工作人员应注意以下几种常见问题的处理方法。

● 会计可以在银行存款总账科目下分别核算基本户和一般户的明细账。

● 实际工作中企业出于一些原因也会通过其他方式（常采用填开转账支票转存到个人户再提取出来的方式）从一般户中支取现金。

● 一般情况下，一年以上未发生资金收付，系统不分金额大小都会自动转入久悬未取账户，转入前会通知工作人员根据实际情况做出是否转入的决定。转入久悬未取户后的资金可以转到基本户上，同时该账户不能再使用。但金额在 1 万元以上的一般都会维护成不转。

若企业办理一般户转账取现，只是为了方便工作，而且所提取现金完全用于企业正常经营开支，那么企业这样的处理只能被视作违规操作，而构不成违法。但企业若是利用这种处理方式将企业资金转存到个人账户（小金库）从而隐瞒了收入，就属于违法行为。

5.5.4　开立一般户的步骤

　　企业开立一般存款账户前，首先要保证已经开立了基本存款账户，然后选择要开户的银行，最后携带相关资料到营业厅办理。其具体流程如图 5-14 所示。

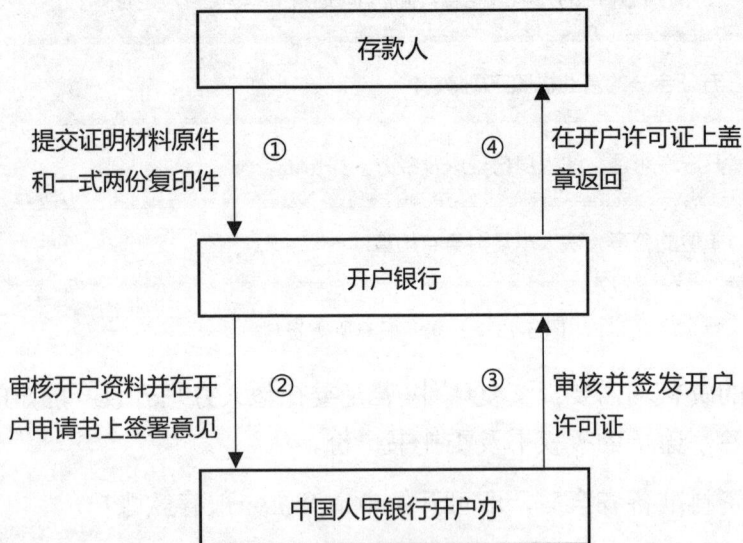

图 5-14　开立一般户的步骤

第6章

新公司的人事与财务工作入门

一个公司的组成离不开管理人员和员工，其运作的动力更是要靠资金的支持。因此，公司的人事问题和财务处理成了最重要的两大问题。开立新公司更要先了解人才选择和财务完善的知识，为公司以后的发展打好基础。

招聘员工的渠道

在网上发布员工招聘信息

聘用合同与员工手册

薪酬的组成部分

了解行业及所在城市的工资水平

社保问题

绩效考核有哪些内容

离职的办理流程

会计、出纳的区别

财务分科

对财务档案的管理

对发票、收据的管理

企业的银行支付密码器

6.1 招聘员工是公司运营的基础

员工是企业组成的基本要素，企业的发展离不开员工的努力和行动支持。对于新公司成立初期，员工的招聘问题是最基本最需要考虑的方面。

因为新公司成立之初，还没有建立良好的知名度和信誉度，所以招聘员工的渠道和方式等问题亟待解决。员工招聘工作的后续保障问题就要依赖完善的制度，比如聘用合同的拟定签订和员工手册的制定。

6.1.1 招聘员工的渠道

招聘员工的渠道实际上就是招聘员工的方式方法。为了资源的充分利用，也为了提高招聘的效率，公司在选择渠道时会考虑成本和时间问题。因此渠道的发展越来越广，具体渠道类型如表 6-1 所示。

表 6-1 员工招聘渠道

基本渠道	形式	基本情况
现场招聘	招聘会	一般由政府及人才介绍机构发起和组织，较为正规，大部分招聘会具有特定的主题，如"应届毕业生专场"、"研究生学历人才专场"、"IT 类人才专场"
	人才市场	与招聘会类似，有具体的地点且长期供求职者和招聘企业完成招聘应聘工作
网络招聘	企业自身网站	很多大型企业有自己的官网，搭建招聘系统发布招聘信息
	专业招聘网站	小企业没有自己的官网或者官网没有人才招聘系统，这时需要在专业的招聘网站上发布招聘信息
校园招聘		是当下许多企业采用的一种招聘渠道，质量高速度快
传统媒体广告	刊登报纸、杂志	专门的人才招聘报纸，刊登近期有关企业的招聘信息
内部招聘	转岗	很多大型企业实行内部转岗招聘，不对外招聘相关岗位
员工推荐		利用企业内部员工的人际关系直接获得所需人才的信息并招聘
人事外包		通过第三方（一般是人才介绍机构）介绍获得相应人才

(1) 招聘会

对于通过毕业时间或学历层次等区分的招聘会，组织机构一般会先对应聘者进行资格考核。但细分的同时也有一定的局限性，如果企业需要同时招聘几种人才就需要参加几场不同的招聘会，从另一方面增加了招聘成本。

现场招聘会

现场招聘是一种企业和人才通过第三方提供的场地，进行直接面对面对话完成招聘面试的方式。现场招聘的方式可以节省企业初次筛选简历的时间成本，同时简历的有效性也较高，相比其他方式所需费用较少。但现场招聘存在地域性局限，一般只能吸引周边地区的应聘者。

（2）人才市场

人才市场是一种常见的招聘会，只不过比一般的招聘会时间长，有具体的地点。同时，人才市场虽然人才数量多，但符合企业要求的人才并不多。

（3）网络招聘

网络招聘也称电子招聘，企业通过在网站上使用简历数据库或搜索引擎工具来完成招聘过程。现在很多企业都没有通过自身企业的网站进行招聘，而是通过专门的招聘网站发布消息，如中华英才网、前程无忧、智联招聘和应届生求职网等。只有一些大型集团企业才通过自己的官网进行员工招聘。

（4）校园招聘

校园招聘就是企业派专门的公司人事到各大高校招聘，这样选拔的学生可塑性较强且干劲十足，人员质量较高。但因为学生一般没有工作经验，所以需要公司付出培训成本从头培养人才，增加成本。

（5）传统媒体广告

传统媒体广告省去了人力资源的投入，求职者在报纸杂志上寻找适合自己的工作再进入公司面试，其使用范围一般是招聘公司中基层和技术职位的员工，高级人才的招聘很少采用这种方式。

（6）内部招聘

内部招聘是指公司将职位空缺向员工公布并鼓励员工竞争上岗。对于企业来说，进行内部招聘有助于增强员工的流动性，也是一种有效的激励手段，同时内部员工对公司的各方面情况比较熟悉，可节省培训成本。但如果企业过多使用这种方式会让企业缺乏新观点新视角。

（7）员工推荐

有部分公司会采用员工推荐的方式招聘人才，这种方式的针对性较强，招聘的员工质量比较有保障，企业和应聘者双方掌握的信息较对称。但这样的渠道会导致中高层领导在企业培养自己的势力，影响公司正常的组织构架和运作。

刚开办的公司可以通过这种连带关系缩短招聘员工的时间，减少时间成本。

（8）人事外包

人事外包就是将人才招聘的工作交给专门负责招聘相关人才的外包公司进行。这种渠道可以为企业节省大量事务性工作的人力、资金和时间，也客观反映劳动力市场的普遍薪酬行情，为企业进行薪酬管理提供科学依据。但需要注意的是合理规避风险。

6.1.2 在网上发布员工招聘信息

现在很多企业为了节省现场招聘等需要实地场所的成本费，一般都选择在网上发布招聘信息。而很多求职者也为了方便，在网上投递求职简历。这样企业可能会支付一定的费用发布消息，但求职者可以节省东奔西走的求职成本。这也是顺应时代的发展需要。

那么如何在网上发布员工招聘信息呢？下面以智联招聘为例操作如下：

在浏览器的地址栏中输入"http://www.zhaopin.com/"网址，进入智联招聘官网，单击"免费发职位"按钮，如图 6-1 所示。

图 6-1 单击"免费发布职位"按钮

进入注册页面后，填写公司信息和账户信息，选中"我已阅读并同意智联招聘《用户服务协议》和《隐私政策》"复选框，单击"立即注册"按钮，如图

6-2 所示。

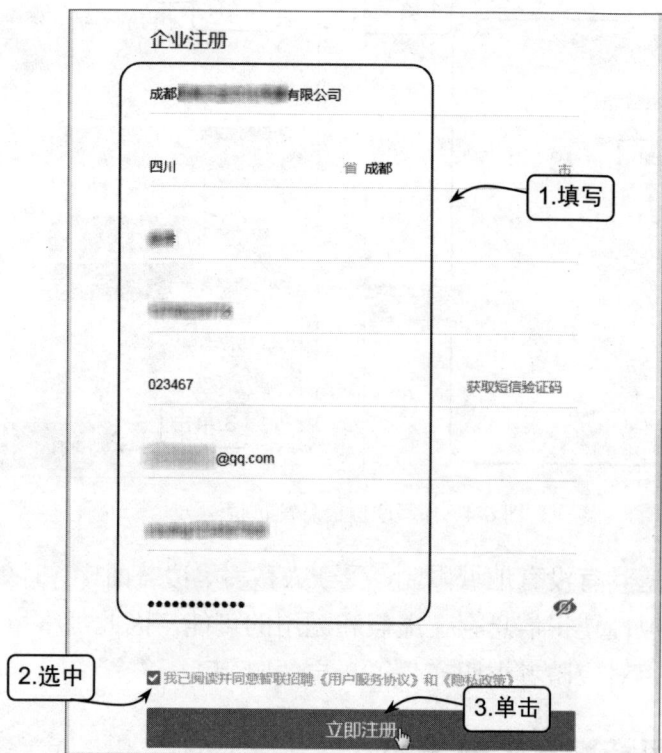

图 6-2 填写公司信息和账户信息免费注册

按照页面提示注册成功后，用该账号登录智联招聘，进入个人中心，单击页面右上角的"发布职位"按钮，如图 6-3 所示。

图 6-3 单击"发布职位"按钮

进入职位发布中心，填写职位名称、职位类别、职位描述、职位月薪、招聘人数、学历要求、工作地址、联系方式和接收简历邮箱等基本信息，并选择相应的"福利待遇"标签，单击"发布职位"按钮完成网上发布员工招聘信息的操作，如图 6-4 所示。

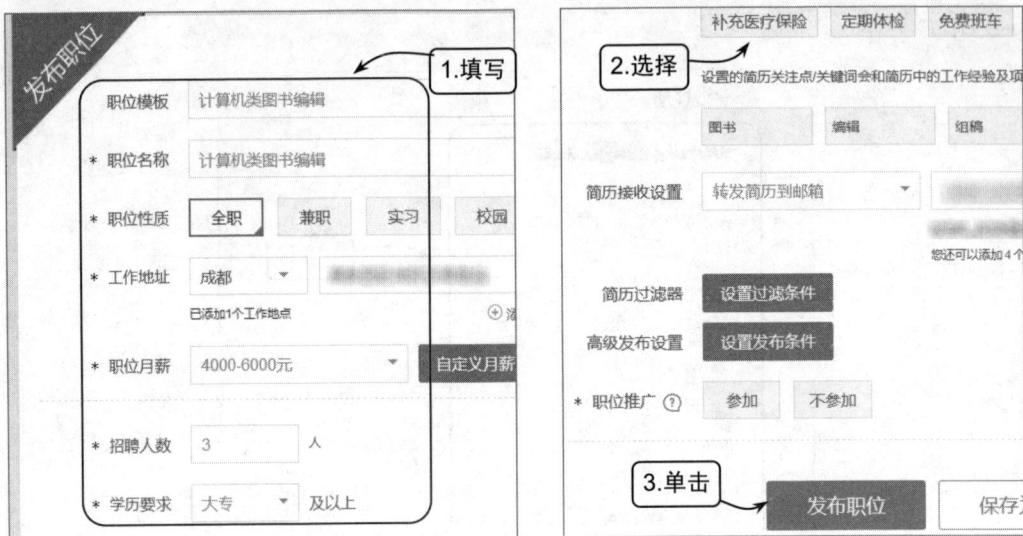

图 6-4　填写职位信息发布职位

网络招聘渠道具有没有地域限制、受众人数多、覆盖面广、时效长等特点，但由于网络的虚拟性使得信息存在虚假和无用的可能，因此网络招聘对简历的筛选要求比较高，对应聘者求职产生了一定的阻碍。

6.1.3　新公司招聘员工的流程

招聘员工是一项繁琐而系统的工作，所以需要为其制定一个科学、合理且清楚的流程，以此方便工作的开展和推进，具体流程如图 6-5 所示。

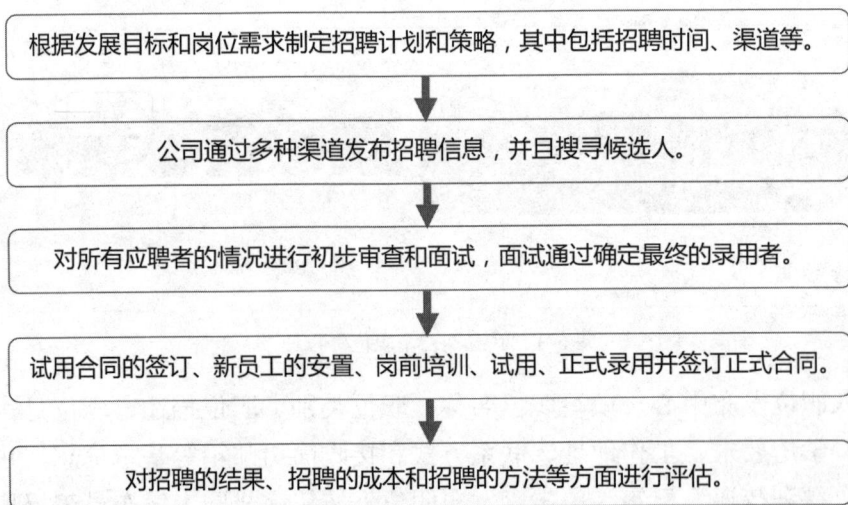

图 6-5　新公司招聘员工的流程

招聘工作的评价是为了提高下一次招聘的效率，根据企业自身的发展状况决定是否制定最后一步。

6.1.4 面试并挑选员工

面试是招聘流程中最关键的一个环节，通常被分为测试和面谈两个大类别。测试方法有笔试、计算机上机测试、具体操作测试等多种，需根据工作性质来决定。

面谈应聘人员的方法则具有一定的共通性，它通常被分为 4 个阶段，如图 6-6 所示。

准备阶段

这是面试的开场，通常只是简短的谈话以缓解面试人员的紧张情绪，为之后的谈话做一个铺垫，我们可以用常规社交话题进行切入，例如谈论天气，询问对方怎么来公司的，路途上是否顺利等，以营造出和谐、友好的氛围。

引入阶段

引入阶段主要围绕应聘者的履历情况提出问题，可以让应聘者简要介绍自己的能力、谈谈他与工作内容相关的经历等。

考察阶段

在引入简历中提供的信息之后，还需询问各种相关问题进入面谈实质阶段，考官需要通过应聘者的反馈信息了解其能力特点、心理素质等要素，通过反复的提问和回答，有针对性地考察应聘者是否符合公司需求。在考察对方的同时，还需向应聘者介绍公司的相关情况，方便进行双向选择。

结束阶段

给应聘者预留一部分时间让他提问，进一步介绍公司情况，并在薪资待遇、工作职责等方面和对方达成共识，完成面试过程。

图 6-6 面谈的方法

在面试职员时，我们首先需要知道面试的考察要点是什么，其内容如下。

- **礼仪风度**：穿着是否整齐、得体；性格是否稳重、大方；走路、敲门、坐姿是否符合礼节。

- **专业技能**：专业学识是否符合工作要求，有无特殊技能，有无工作经验。

- **求职愿望**：是否以企业发展为目标，兼顾个人利益，对薪资待遇的各项要求。

- **表达能力**：语言是否得体、是否具有逻辑性，口齿清晰、语言简洁明了者最佳。

- **判断能力**：理解问题的准确性、迅速性。是否有自己独到的见解，是否理智明理。

- **协调能力**：考虑事情时是否能为对方着想，理解力、实践能力、社交能力是否符合要求。

- **责任意识**：需要考察人品、自信心、纪律性以及意志力等。

在实际操作中我们究竟应该询问哪些问题，应该如何考察应聘人员的各项素质呢？可供参考的问题如下：

- 选择本公司的原因？最重视的条件是什么？

- 对薪资待遇的期望如何？

- 请对自己进行介绍，谈谈你的优缺点及兴趣爱好。

- 据你自我分析，最适合的工作是什么？

- 你希望在什么样的领导手下工作？

- 你交朋友最注重什么？

- 你参加过何种组织活动？对某问题有过何种研究？

- 你认为现在社会中一个人最重要的品性是什么？

- 你有何等特长，具备何种资历？

- 谈谈你从事这项工作的优势？

- 你有什么重要的工作经验？

在面试过程中，我们可以将这些问题在如表 6-2 所示的"面试评分表"中进行量化评判，以便计算不同面试者的优劣。

表6-2 面试评分

姓名		性别		年龄		职位		籍贯	
毕业院校					专业			工龄	

评分要素		参考标准	得分
举止仪表（8分）		仪表端正，装扮得体，举止有度	
对职位的渴望（8分）		对本公司做过初步了解；面试经过精心准备；面试态度认真；待遇要求理性	
综合能力（25分）	自我认知（4分）	能准确判断自己的优、劣势，并针对劣势提出弥补措施	
	沟通表达（6分）	准确理解他人意思；有积极主动沟通的意识和技巧；用词恰当，表达流畅，有说服力	
	分析能力（5分）	思路清晰，富有条理；分析问题全面、透彻、客观	
	应变能力（4分）	反应敏捷；情绪稳定；考虑问题周到	
	执行力（6分）	能服从领导的工作安排，全力以赴完成工作任务	
综合素质（35分）	可塑性（6分）	较强的学习力；理性接受他人观点；对他人事无成见	
	情绪稳定性（5分）	在特殊情况下（如较大的压力、被冤枉、被指责）能保持情绪稳定，无极端言行	
	求职动机（3分）	需要生存，自我提高，自我实现，职业规划	
	主动性（7分）	找借口还是找方法；工作方法是否灵活多样性	
	服从性（7分）	能服从自己不认可的领导；服从并接受自认为不合理的处罚；能接受工作职责外的任务	
	团队意识（7分）	过去自认为骄傲的经历中有团队合作事项；能为团队做出超越期望值的付出	
职位匹配（24分）	经历（4分）	是否经常换工作，平均每份工作时间最少应超过1年	
	性格（5分）	自信、积极乐观、心态成熟、性格与岗位要求相匹配	
	专业背景（4分）	所学是否相关专业；有无相关工作经验	
	认识职位（5分）	了解工作内容和工作方式，能预见并接受可能的困难	
	认同企业（6分）	对以前企业及老板的态度；是否认同行业和公司未来的前景，是否认同公司的文化和管理方法	
总分			
考官	（签字）	日期： 年 月 日	

除了表 6-2 所述之外，我们还可以通过针对性的提问来考察不同面试者的优劣，如表 6-3 所示。

表 6-3　面试考察

询问事项（仅供参考用）		评核要素/程度
一般印象	1. 请你用两三分钟时间做简单的自我介绍	1. 仪表
	2. 请问你为什么想要应聘这份工作	2. 态度与谈吐
	3. 离开之前工作单位的原因是什么	3. 问题回答的适应性
	4. 在之前的公司具体工作内容是什么	4. 对各种文化的适应性
	5. 哪家公司对你影响最大	5. 表达能力
经验与潜能	1. 描述工作上的专长项目并请举例说明	1. 对公司可能具有的贡献
	2. 请举例说明过去工作中值得自豪的成就	2. 工作经验是否足够
	3. 请列出在专业领域中所熟悉的同事	3. 人际关系
	4. 是否有带领团队完成任务的经验	4. 领导能力
	5. 工作中曾遇到过什么困难，如何解决的	5. 解决问题能力
教育与专业	1. 简单说明所修学科中较有兴趣的部分	1. 与应聘工作相关与否
	2. 说明在以前的工作中如何运用专业知识	2. 知识的程度与深度
	3. 在学期间是否参与社团活动或担任干部	3. 专业知识与工作的匹配
	4. 你通常喜欢独自一人完成任务或经由团队	4. 与他人合作性（团队）
	5. 请问你从事此专业工作的动机是什么	5. 动机与兴趣
工作态度	1. 如果主管对你有误解，你会怎么做	1. 诚恳
	2. 你对提高工作效率的看法	2. 积极并接受挑战性工作
	3. 什么样的工作环境与主管是你无法忍受的	3. 稳定性与工作耐力
	4. 请举例说明你在紧急情况下完成任务的经历	4. 责任感
	5. 指派你做不十分熟悉的工作，你会如何做	5. 工作弹性

在表 6-3 中，我们可将应聘人员的表现分为"优秀、良好、中等、尚可、低等" 5 个档次，用 5 至 1 分来表示，将所有得分的总和进行排序即可筛选出优秀员工。

面试的时间或许只有短短一小时，却能影响到公司今后的运转，我们需做好一定的心理准备，并关注以下面试要点。

● 别试图去找一个 100% 适合的员工，这是不可能完成的任务，纯属浪费时间。

- 描述工作性质和工作具体内容时不能对困难避重就轻，诓骗来的员工干不长久。

- 请应聘者在简历中附上照片以便能将他们对号入座。

- 找出简历中最感兴趣的地方，在面试时对此进一步了解。

- 尽量问开放性的问题，让应聘者多说话，不仅仅用"是"或"不是"简单表述。

- 将应聘者比较感兴趣的问题进行记录，将来在工作中可根据这些问题激励其积极性。

- 每隔一段时间就更新测试的内容与形式。

- 避免对任何一位应聘者做有偏见的判断。

- 在通知应聘者参加复试时，先询问对方是否愿意来参加。

- 确保薪资合理且具有竞争力。

- 需整体地对待面试测试结果，而不要单看某一项的得分（特殊技术人才除外）。

- 不问与工作无关的私人问题。

- 面试别人时自己不能紧张，当应聘者东拉西扯找不到重点时，需及时并合理地打断对方的讲述，我们需明确面试是对应聘者的考核，不是三姑六婆的闲谈。

6.1.5　聘用合同与员工手册

在完成了员工招聘环节以后，公司将和录用者签订相应的合同。在员工投入工作的过程中，公司一般都会提供给员工关于公司具体情况的员工手册，方便员工更快更好地了解公司和相关职位的工作内容。

（1）聘用合同

聘用合同是指以招聘或聘请在职和非在职劳动者中有特定技术业务专长者为专职或兼职的技术专业人员或管理人员为目的的一种合同。它是劳动合同的一种，与录用合同和借调合同同属劳动合同。

选择了合适的员工之后，我们需签订聘用合同，合同可以在劳动局购买或相关网站下载。

合同按照期限分为 4 种，我们可根据需要进行选择，其内容如图 6-7 所示。需要注意的是，聘用合同自双方签字或盖章后生效（公司需盖公章），一式两份，双方各执一份。

短期合同
对活动性强、技术含量低的岗位一般签订 3 年以下的短期合同。

中期合同
3 年(不含)以上的合同为中期合同，对需要挽留的高端技术人才通常需签订中期合同。

长期合同
至职工退休的合同为长期合同，这种情况比较少见。

项目合同
以完成一定的工作为期限的合同为项目合同。

图 6-7　选择合适的合同

（2）员工手册

员工手册是企业规章制度、企业文化与企业战略的浓缩，是企业内部的"法律法规"和人事制度管理规范，同时又涵盖企业的各个方面。

它是有效的管理工具和员工行动指南，起到了展示企业形象、传播企业文化的作用。手册包含的内容如表 6-4 所示。

表 6-4　员工手册的内容

内容	具体记载事项
手册前言	说明这份手册的目的和效力
公司简介	介绍公司的历史、宗旨和客户名单等，使每一位员工了解公司
手册总则	一般包括礼仪守则、公共财产、办公室安全、人事档案管理、员工关系、客户关系和供应商关系等条款
培训开发	新员工的培训和公司不定期举行的提高业务素质和专业技能的培训的相关内容

续表

内容	具体记载事项
任职聘用	说明任职开始、试用期、员工评估、调任以及离职等相关事项
考核晋升	一般分为试用转正考核、晋升考核和定期考核等。考核内容一般包括指标完成情况、工作态度和能力、工作绩效、合作精神、服务意识、专业技能等
员工薪酬	详细说明公司的薪酬结构、薪酬基准、薪资发放和业绩评估方法等
员工福利	阐述公司的福利政策和为员工提供的福利项目
工作时间	办公时间、出差政策、各种假期的详细规定以及相关费用政策
行政管理	多为约束性条款。比如对办公用品和设备的管理、各人对自己工作区域的管理、奖惩、员工智力成果的版权声明等
安全守则	一般为安全规则、火情处理和意外紧急事故处理等
手册附件	与以上各条款相关的或需要员工了解的其他文件，如财务制度、社会保险制度等

编写员工手册应遵循依法而行、权责平等、讲究实际、不断完善和公平、公正、公开的 5 个原则。

此外，根据公司性质的不同，其员工手册中包含的内容各有差异，在编制员工手册时通常注意如下事项。

● 员工手册不需要面面俱到，包含新入职员工工作中最需要了解、希望了解的内容即可，内容太多没人会仔细去看。

● 根据公司自身的现状编写手册，不能生搬硬套胡乱使用别人的手册。

● 员工手册中的称谓应统一，不能混用，比如一律用"员工"，或者一律用"职工"。描述上级领导用"您"，其余情况用"你"。

● 员工手册应语言简洁流畅、易懂易记，不能出现错字与病句。

● 员工手册语气不宜生硬，特别是奖惩条例不能使用威胁性词语。

我们可以在网上下载多份员工手册模板，然后综合参考对方的内容，根据自身情况修改之后进行使用。

例如，在百度文库中下载员工手册，在百度文库的搜索框中输入关键词"员工手册"，单击"搜索文档"按钮，如图 6-8 所示。

图 6-8　搜索员工手册模板

在新打开的页面中会列示多个搜索结果，单击相应的超链接进入对应员工手册范本的详情页，如图 6-9 所示。

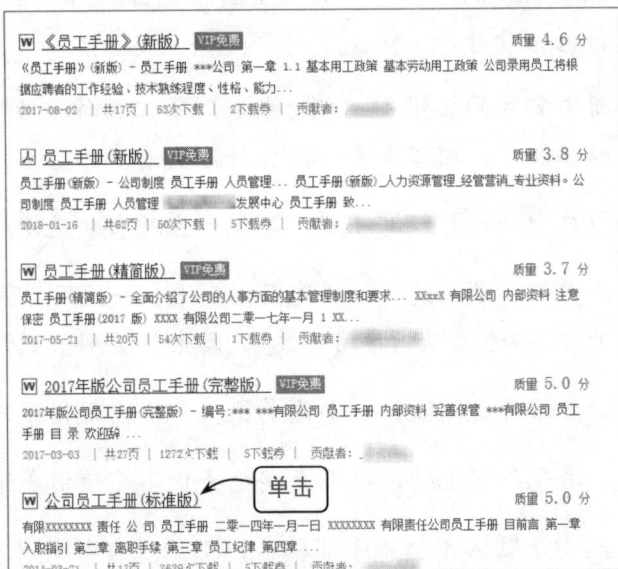

图 6-9　选择员工手册模板

浏览员工手册范本，确认有用后单击页面最下方的"立即下载"按钮，即可下载文件在本地计算机中，如图 6-10 所示。

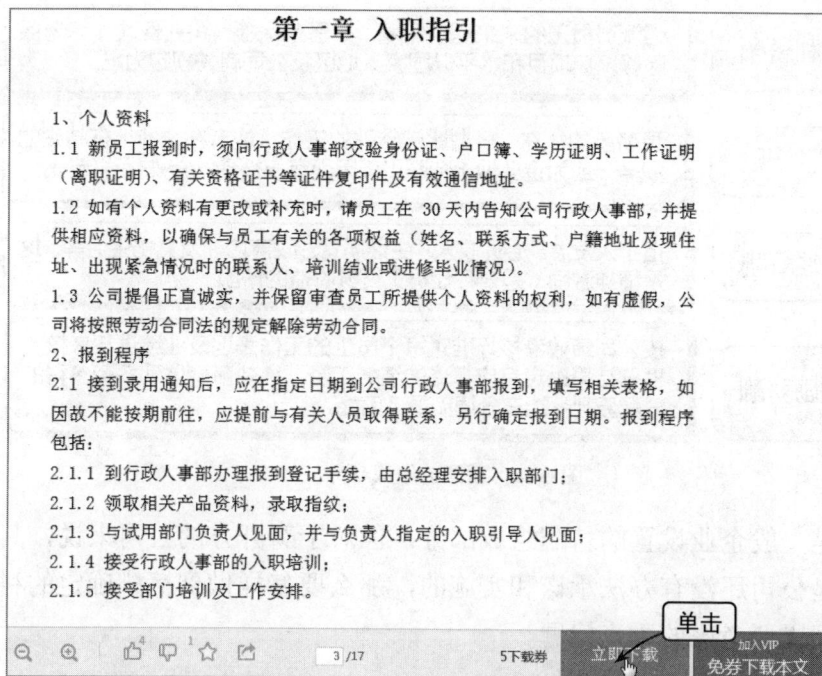

第一章 入职指引

1、个人资料

1.1 新员工报到时，须向行政人事部交验身份证、户口簿、学历证明、工作证明（离职证明）、有关资格证书等证件复印件及有效通信地址。

1.2 如有个人资料有更改或补充时，请员工在 30 天内告知公司行政人事部，并提供相应资料，以确保与员工有关的各项权益（姓名、联系方式、户籍地址及现住址、出现紧急情况时的联系人、培训结业或进修毕业情况）。

1.3 公司提倡正直诚实，并保留审查员工所提供个人资料的权利，如有虚假，公司将按照劳动合同法的规定解除劳动合同。

2、报到程序

2.1 接到录用通知后，应在指定日期到公司行政人事部报到，填写相关表格，如因故不能按期前往，应提前与有关人员取得联系，另行确定报到日期。报到程序包括：

2.1.1 到行政人事部办理报到登记手续，由总经理安排入职部门；

2.1.2 领取相关产品资料，录取指纹；

2.1.3 与试用部门负责人见面，并与负责人指定的入职引导人见面；

2.1.4 接受行政人事部的入职培训；

2.1.5 接受部门培训及工作安排。

图 6-10　下载员工手册模板

注意，百度文库中的文档并不是所有都能免费下载，有些需要用户使用下载券，但一般注册了百度 VIP 后，大多数文档都可免费下载。

6.2　如何确定员工的薪酬与绩效考核

将员工招进公司并不是就完成任务了，员工一般最关心的问题都是薪酬。薪酬的一部分来自绩效考核，这就涉及绩效考核问题，两者是连带关系。

6.2.1　薪酬的组成部分

不同企业的薪酬组成部分不同，有些公司只有社保，有些公司除五险一金外还有很多其他可作为薪酬发放的福利，一般包括 5 类，具体如图 6-11 所示。

基本薪酬	又叫基本工资，由职位工资加技能工资组成。职位工资是根据不同职位的价值等级决定的；技能工资是根据任职者本人的学历、能力等级决定的。

图 6-11　薪酬的组成部分

福利薪酬	强调对员工的未来提供保障，如医疗保险、失业保险、养老保险等。其项目和水平以国家、地区及公司有关规定为准。
各种津贴	是薪酬的补充，一些比较特殊的工作，或者在企业担任特殊的职务，或为企业做出特殊贡献因而有权接受的特殊优惠待遇。
柔性薪酬	指个人发展、心理收入、生活质量、教育培训及文化生活等。这是精神激励，是一种让员工终身收益的薪酬。
激励薪酬	按公司绩效考核标准对每个员工的工作表现及业绩进行考核，根据结果确定其应享受的绩效工资。绩效薪酬体现多劳多得的分配原则，能充分调动员工潜能。

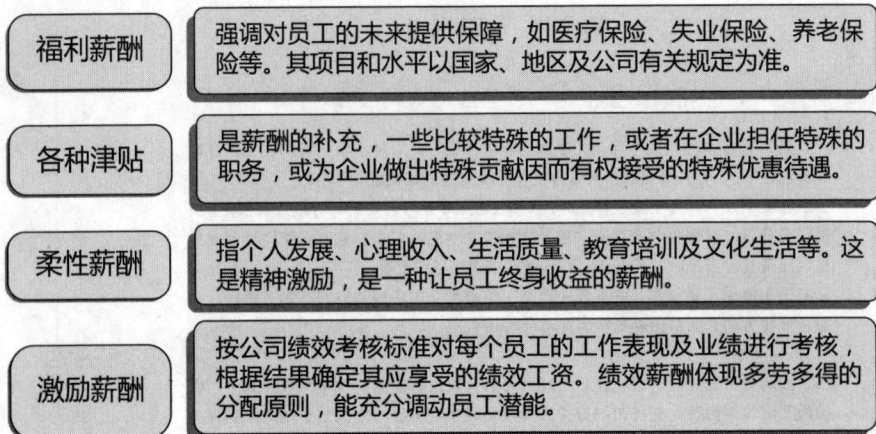

图 6-11　薪酬的组成部分（续）

这是一般企业设置的薪酬组成部分，但对于新开办的公司来说，其中的一些薪酬是公司还没有办法承诺和实施的，那么要怎样做到薪酬确定的科学性是每个公司需要考虑的重点问题。

6.2.2　确定薪资水平的要点

薪资的多少决定着是否能留住员工，是否能控制经营成本，是否能使公司高效、合理地运转。确定薪资的要点如图 6-12 所示。

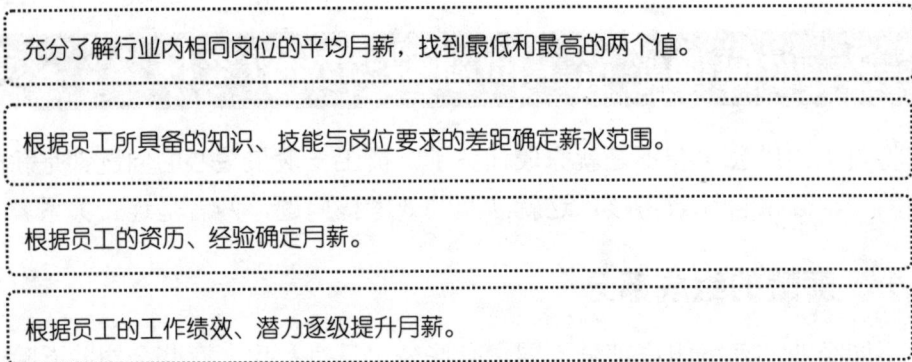

| 充分了解行业内相同岗位的平均月薪，找到最低和最高的两个值。 |
| 根据员工所具备的知识、技能与岗位要求的差距确定薪水范围。 |
| 根据员工的资历、经验确定月薪。 |
| 根据员工的工作绩效、潜力逐级提升月薪。 |

图 6-12　确定薪资水平的要点

6.2.3　确定薪酬的科学方式

薪酬关系到员工的利益和公司的成本，要想公司正常运作而不出现员工对公司给予的薪酬感到不满的情况，公司就要做到薪酬确定的准确性和科学性。

就公司和员工双方的利益关系来说，确定薪酬的科学方式就是薪酬的确定要公平公正，既考虑公司的实际情况，又要照顾员工的付出与收获成正比的原则。因此，薪酬的确定要做的事情有以下几点。

- **职位分析**：在基本薪酬的确定中涉及职位等级的划分，因此合理客观地对职位进行分析是确定薪酬的基础。

- **职位评价**：综合职位分析结果和技能等级等要素对职位进行评价，解决公司内部的公平性问题，给薪酬的确定提供参考依据。

- **薪酬调查**：针对企业对外在同行业间的薪酬竞争力问题做薪酬调查，目的是给员工更好的生活基础并为公司留住人才。

- **薪酬定位**：在对同行业的企业薪酬做调查后，分析结合公司自身发展情况和现状，做出符合公司情况的薪酬水平。

- **薪酬结构**：确定好公司的薪酬水平就要考虑根据什么原则设计薪酬结构，让任职者认同并遵循。

- **完善薪酬体系**：在薪酬结构确定后，要确定公司薪酬总额，在预算允许的范围内适当设置奖金、津贴和长期激励模式，并将这些内容规范成薪酬制度、奖金制度、福利制度和长期激励政策文件。

6.2.4 了解行业及所在城市的工资水平

在设置公司薪酬时必须要参照行业和城市的工资水平，不能盲目设计公司的薪酬标准。

不同行业的工资标准不同，城市之间的工资水平也有较大的差异。在这过程中，还要考虑公司的发展现状和发展方向，做出的决定要符合公司情况。表6-5所示为截至2018年6月一些地区的月最低标准工资第一档。

表6-5 一些地区的月最低标准工资第一档

地区	工资（元）	地区	工资（元）	地区	工资（元）	地区	工资（元）
北京	2 000	安徽	1 520	内蒙古	1 760	云南	1 670
天津	2 050	浙江	2 010	山东	1 910	四川	1 500
上海	2 420	江苏	1 890	吉林	1 780	贵州	1 680

地区	工资（元）	地区	工资（元）	地区	工资（元）	地区	工资（元）
广东	1 895	江西	1 680	辽宁	1 620	河北	1 650
深圳	2 130	山西	1 700	黑龙江	1 680	河南	1 720
福建	1 700	陕西	1 680	新疆	1 820	湖北	1 750
海南	1 430	青海	1 500	宁夏	1 660	湖南	1 580
广西	1 680	甘肃	1 620	西藏	1 650	重庆	1 500

不同地区的发展进程和速度的不同导致月最低标准工资存在差异。而在了解了不同城市和省份的情况以后，还要了解不同行业的工资水平。

不同行业的发展受很多因素的影响，国家没有明确规定各个行业的最低标准工资，这是各行业在社会上形成的一种默契，我们只要记住在制定公司薪酬结构时考虑到所处行业的薪资水平即可。

在同行业中，不同的经营模式其工资水平也有一定的差异，但都是大同小异，新公司工资水平的确定只要符合公司具体情况并顺应经济发展趋势就好。

6.2.5　根据生命周期定薪资

在公司发展的不同生命周期里，我们需要应用的薪资策略可以有一定的差异，其内容如下。

- **创业初期**：雇员不够稳定，并且对公司也没有产生多少情感，这时的薪资设定应以公平为主，不需要设定特别的等级差。在可能的情况下采取"低底薪+高提成"的方式可激励大家一起拼搏，奋力开拓市场。

- **成长期**：创立公司两、三年之后，应兼顾公平与效率，拉开新员工和老员工的收入差距，建立相对正规的工资等级制度，并且运用"基本工资+提成+考核"的形式，激励新员工，"抽打"老油条。

- **成熟期**：经营时间超过一定年限后，为了激励员工让公司业绩保持稳定的增长，应加重绩效考核的比例。

- **衰退期**：以效率为主，激发员工热情以延缓公司衰退的生命周期，拉大收入差是不错的办法。

6.2.6　给予员工合适的激励

在确定了公司员工的工资水平以后还要采取相应的措施来激励员工不断进步，提高工作效率，加快公司的发展。但给予员工的激励也要适度，不能过于注重物质奖励而忽视了精神激励。

（1）物质激励

物质激励一般是具体看得到的员工利益，如加薪、各种福利待遇、津贴及年终奖金等。

根据员工的表现和工作效率等适当给予加薪的机会，保障员工的基本生活。各种福利待遇和津贴是对工资的补充，让员工从另一方面感受到公司的关心，这是长期有效的激励办法。年终奖金也是对员工一年来的工作表现的评价和奖励，让员工感觉自己的辛勤工作得到应有的回报。

但是在物质激励的过程中要避免有些鱼目混珠的人窃取别人的劳动成果后享受不属于自己的利益。所以公司在进行物质激励时要慎重，明确物质激励的范围、方式方法和给予激励的标准设定。

（2）精神激励

精神激励是一种不能用量来衡定的激励方式。精神激励更多的是注重员工的工作环境、工作氛围、工作态度和心理抚慰等方面。现在的很多企业更注重对员工进行精神激励。具体办法如图6-13所示。

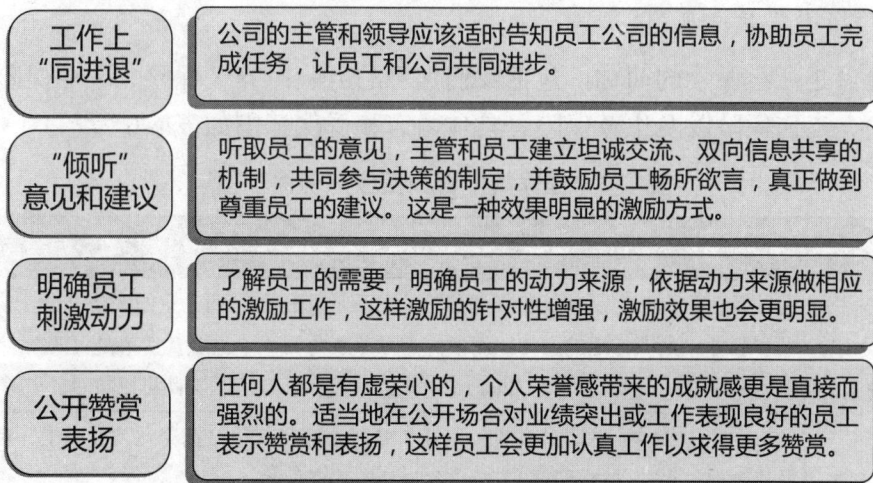

工作上"同进退"	公司的主管和领导应该适时告知员工公司的信息，协助员工完成任务，让员工和公司共同进步。
"倾听"意见和建议	听取员工的意见，主管和员工建立坦诚交流、双向信息共享的机制，共同参与决策的制定，并鼓励员工畅所欲言，真正做到尊重员工的建议。这是一种效果明显的激励方式。
明确员工刺激动力	了解员工的需要，明确员工的动力来源，依据动力来源做相应的激励工作，这样激励的针对性增强，激励效果也会更明显。
公开赞赏表扬	任何人都是有虚荣心的，个人荣誉感带来的成就感更是直接而强烈的。适当地在公开场合对业绩突出或工作表现良好的员工表示赞赏和表扬，这样员工会更加认真工作以求得更多赞赏。

图6-13　精神激励的具体办法

创造更多 工作机会	在工作中主管和领导要善于挖掘员工各项潜能，在原有工作内容的基础上提供给员工更多不同内容的工作，为员工创造更多工作机会，还能从中挖掘员工的其他潜能。
适时晋升 提拔	俗话说"不想当将军的士兵不是好士兵"，公司员工也是一样，为了以后更好的生活都希望通过升职来提高工资收入，因此公司可以适时地根据员工的发展状况做一定的职位提升措施。

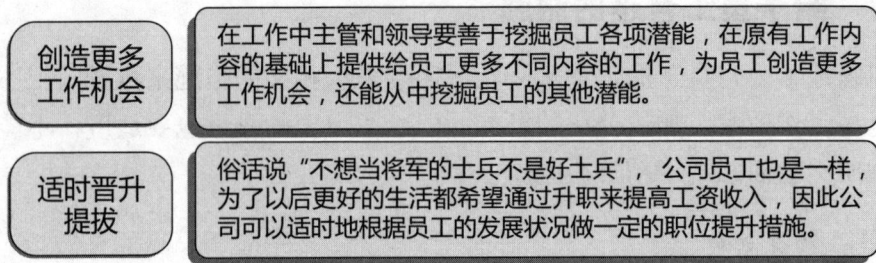

图 6-13　精神激励的具体办法（续）

精神激励的好处是为公司节省工资成本，增加公司内部员工之间、员工和领导之间的交流，促进同事间的感情交流，对公司管理的巩固起到一定的作用。

6.2.7　社保问题

社保是指国家为了预防和分担年老、失业、疾病及死亡等社会风险，实现社会安全，而强制社会多数成员参加的，具有所得重分配功能的非营利性的社会安全制度。

它是一种为丧失劳动能力、暂时失去劳动岗位或因健康原因造成损失的人口提供收入或补偿的一种社会和经济制度。

社会保险制度由政府举办，强制某一群体将其收入的一部分作为社会保险税（费）形成社会保险基金，在满足一定条件的情况下，被保险人可从基金获得固定收入或损失补偿。目的是保证物质及劳动力的再生产和社会的稳定。

（1）社保的内容

社保是社会保险的简称，包括我们熟悉的五险：养老保险、失业保险、医疗保险、工伤保险以及生育保险。具体内容和受保范围如表 6-6 所示。

表 6-6　社保的内容和相应的受保范围

内容	受保范围和相关费率
养老保险	劳动者在达到法定退休年龄并退休后，从政府和社会得到一定的经济补偿，物质帮助和服务。全国各地的缴费比例不同，以北京为例，单位缴费费率是 19%，个人缴费费率是 8%，并且缴费至少满 15 年，办理退休手续后职工就可以按月领取养老金
	国有企业、集体企业、外商投资企业、私营企业和其他城镇企业及其职工，实行企业化管理的事业单位及其职工必须参加基本养老保险

续表

内容	受保范围和相关费率
失业保险	是国家通过立法强制实行的，对因失业而暂时中断生活来源的劳动者提供物质帮助。同样，各地缴费比例会有不同，以北京为例，单位按工资总额的 0.8%缴纳，个人按工资 0.2%缴纳；无固定工资额的单位按统筹地区上年度社会平均工资为基数缴纳
	单位招用的农牧民合同制工人的，本人不缴纳失业保险。在岗职工、停薪留职、请长假、外借外聘、内退等在册不在岗职工、进入再就业服务中心的下岗职工、其他与本单位建立劳动关系的职工（包括建立劳动关系的临时工和农村用工）
医疗保险	根据财政、企业和个人承受能力建立保障职工基本医疗需求的社保制度。各地缴费比例不同，以北京为例，单位按 10%比例缴纳，个人按（2%+3）缴纳。参加医疗保险的单位及个人必须同时参加大额医疗保险，按规定按时足额缴纳医疗保险费和大额医疗保险费才能享受医疗保险的相关待遇
	所有用人单位包括企业（国有企业、集体企业、外商投资企业和私营企业等）、机关、事业单位、社会团体、民办非企业单位及其职工，都要参加基本医疗保险
工伤保险	也称职业伤害保险，劳动者由于工作原因在工作中受意外伤害或是因职位危害因素引起职业病后，由国家和社会给负伤、致残者以及死亡者生前供养亲属提供必要物质帮助。工伤保险由企业缴纳，工伤发生率较高的行业其费率更高，职工因工伤住院，其间伙食补助由公司按因公出差伙食补助的 70%提供
生育保险	在职女性因生育子女而导致暂时中断工作、失去正常收入来源时，由国家或社会提供物质帮助。其待遇包括生育津贴和生育医疗服务，职工本人不缴纳
	用人单位按照本单位上年度职工工资总额的 0.8%（这里以北京为例）缴纳，所有用人单位及其职工都要参加生育保险，能够享受生育保险的职工还必须符合一定条件

（2）社保的分担制

在雇主和雇员共摊保险费用的方法中可以将其细分为 3 种情况：费率等比分担制、费率差比分担制和费率等比累进制。

费率等比分担制是指用人单位和个人以相等的费率缴纳保费；费率差比分担制是指用人单位和个人以不同的费率缴纳保费；费率等比累进制是指单位和个人以员工工资总额的增加和收入的增加以相同费率缴纳保费。

（3）社保的征集方式

社保的征集方式分为两种：比例保险费制和均等保险费制。具体情况如图 6-14 所示。

比例保险费制

这是一种以被保险人的工资收入为准，规定一定的百分率来计收保险费的方式。社保的负担直接与工资相联系，不管是雇主雇员双方交保还是其中一方承担保费，这种负担都表现为劳动力成本的增加。

均等保险费制

不论被保险人或是其雇主的收入多少，一律计收同额的保险费，具有收支平等的意义。这种方式的优点是计算简便、易于普遍实施，但缺点是低收入和高收入群体缴纳相同的保费。

图 6-14　社保的征集方式

（4）社保的功能

社保有 3 个主要的功能：稳定社会生活、资源再分配和促进社会经济发展。社会保险制度作为需求管理的一个重要工具发挥作用，促进经济持续繁荣。

6.2.8　员工的福利与奖金

社保是一个公司最基本的保障员工权益的关键，但很多公司为了激励员工，激发员工的工作热情，还会设立相应的员工福利和奖金。

（1）员工福利

福利是非现金形式的报酬，是企业为了鼓励员工并留住人才时采取的一种激励措施。福利的形式包括保险、实物、股票期权、培训和带薪假等。

福利的发放更多考虑实用性和人性化，如餐补、车补、话费补助和节假日补助等存入福利卡，员工使用福利卡到福利卡的签约商户刷卡消费。

福利与津贴没有太多的区别，最大的不同就是福利是非现金形式的，而津贴是以现金形式固定发放的。

（2）奖金

奖金是指支付给职工的超额劳动报酬和增收节支的劳动报酬，一般是对超额完成任务的员工的物质补偿。

（3）福利和奖金的异同点

福利和奖金都是为了激励员工的工作积极性而设立的，两者都可以发挥激励作用。但是相对福利而言，奖金更能消除员工的惰性。因为福利是公司所有员工都享有的，而奖金却是"能者多得"管理方式的产物，只有认真积极工作并超过给定的工作任务的员工才能获得。

6.2.9 什么是绩效考核

简单来说绩效就是组织期望的工作结果，其涉及的方面包括员工的素质和能力。从字面可理解为员工的工作业绩和工作效率。

绩效考核是指企业在既定的战略目标下，运用特定的标准和指标对员工的工作行为和取得的工作业绩进行评估，并依据评估的结果对员工将来的工作行为和业绩产生正面引导的过程和方法。

6.2.10 绩效考核有哪些内容

绩效考核主要的内容包括4个方面：业绩考核、计划考核、能力态度考核以及部门满意度考核。这四部分内容在不同的考核周期，针对不同考核对象，分别进行不同的组合和考核权重。具体情况如图6-15所示。

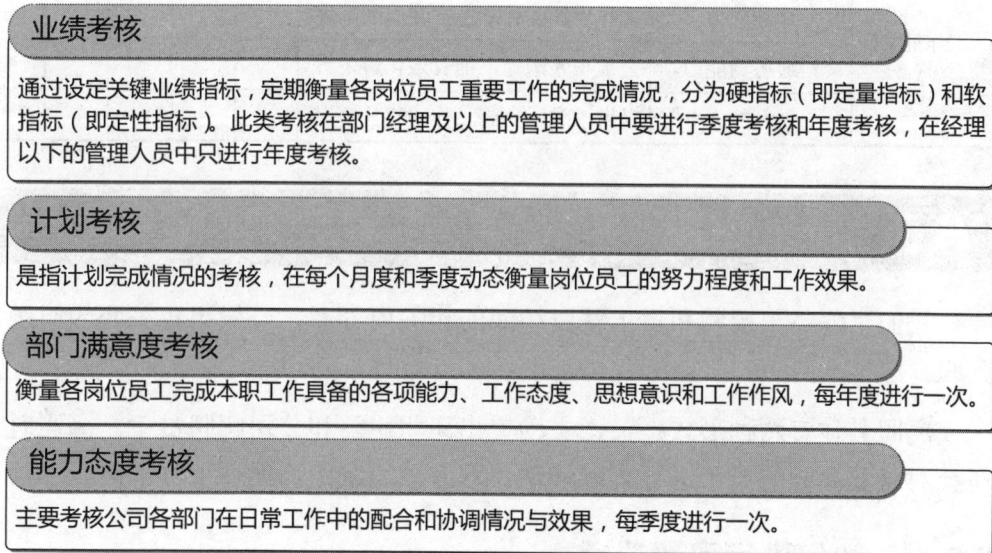

业绩考核
通过设定关键业绩指标，定期衡量各岗位员工重要工作的完成情况，分为硬指标（即定量指标）和软指标（即定性指标）。此类考核在部门经理及以上的管理人员中要进行季度考核和年度考核，在经理以下的管理人员中只进行年度考核。

计划考核
是指计划完成情况的考核，在每个月度和季度动态衡量岗位员工的努力程度和工作效果。

部门满意度考核
衡量各岗位员工完成本职工作具备的各项能力、工作态度、思想意识和工作作风，每年度进行一次。

能力态度考核
主要考核公司各部门在日常工作中的配合和协调情况与效果，每季度进行一次。

图 6-15 绩效考核的内容

6.2.11 绩效考核的模板

公司里面不同的岗位其考核的模板有所不同，对于常见的考核模板一般都适用于不同岗位的员工或管理人员，如表 6-7 所示。

表6-7　通用考核指标表

考核项目		评价要点	评价尺度				
工作态度	遵守制度	严格遵守公司各项规章制度	优	良	好	中	差
	出勤状况	员工出勤率					
	工作主动性	自觉主动地完成本职工作					
	工作合作性	具有全局意识，能主动与他人合作，寻求更高的工作效率					
	工作责任感	工作细致严谨，恪守职责					
工作业绩	工作计划完成率	工作任务完成情况					
	工作量	本阶段实际承担的工作量					
	工作效率	完成工作的迅速性、时效性，有无拖拉和浪费时间现象					
	工作质量	完成的工作符合目标要求的程度					
工作能力	专业技术能力	对工作相关知识的掌握运用情况					
	计划能力	工作步骤、计划主次轻重清晰度					
	沟通协调能力	善于与人沟通，能有效化解矛盾					
	创新能力	提出改进或完善工作的建议情况					

6.3　员工离职

我们了解员工招聘和员工薪资绩效的相关内容后，一般比较关心的问题是离职。

离职具体有两种形式：员工主动提出离职申请和公司解聘员工。离职时公司会对将要离职的员工进行离职谈话，双方做出决定后就着手办理离职手续。

6.3.1　如何进行离职谈话

公司对员工进行离职谈话并不是简单地了解哪位员工要离职？什么时候离职？一般正规的离职面谈有着正规的程序，如图 6-16 所示。

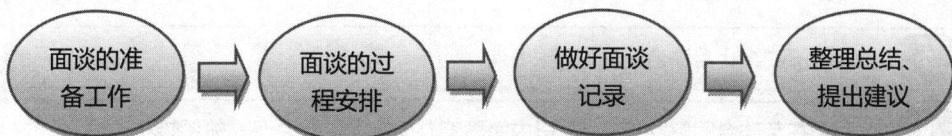

图 6-16　离职面谈的程序

面谈的准备工作包括了解离职者的基本情况，如姓名、年龄、部门、职称和到职时间等，再根据具体情况准备面谈话题并安排面谈时间和地点。

在面谈前征得面谈者是否同意面谈时做记录的意见，若同意则认真记录面谈过程及内容；若不同意，公司则应认真倾听面谈者的想法，面谈结束后再补做记录。

负责面谈的人要做好面谈工作的过程安排。面谈过程中要做到换位思考，密切注意面谈者的情绪变化，要尊重面谈者的意见，尽量不涉及个人隐私问题。

在面谈结束后，公司应及时整理面谈记录，总结离职者的离职原因，提出分析报告并交给经理审核保存资料。作为负责面谈的人员还应该总结本次面谈的得失，发扬优势改正不足，以期下次面谈做得更好。

6.3.2　离职的办理流程

公司和员工双方进行离职面谈后，员工顺利通过离职申请，公司和员工双方就要着手办理离职手续。具体的离职办理流程如图 6-17 所示。

1　为从事有职业病危害作业的员工做健康检查。

2　办理工作交接，并立即停止以用人单位名义对外从事的一切业务。

3　企业制定专人接收员工在职期间公司配发的或本人掌管的公司财物，清理员工在职期间保管和使用的所有文件，包括客户名单和财务账本等，清查员工是否有公司债务等。

4　退还员工证件及结清工资。

5　如果是公司提出解除劳动合同的，按照劳动合同法的规定向员工支付经济补偿金。

6　一些需要签订竞业禁止协议的公司，要在解除劳动合同协议中明确员工的相应义务。

图 6-17　离职办理流程

| 7 | 出具解除或终止劳动合同的证明。 |

| 8 | 公司要在劳动合同解除后的 15 日内为员工办理档案和社会保险关系转移手续。 |

图 6-17　离职办理流程（续）

　　为有职业病危害的作业人员进行健康检查，不仅是公司对员工个人健康负责的表现，更是对公司的负责，避免以后产生法律纠纷。

　　办理工作交接可有效防止员工仓促离职，出现工作脱节的问题，减少不必要的经济损失。

　　这些离职办理的流程都有其存在的道理，都是从公司和员工双方的利益出发，维护各自利益，避免在离职后双方出现纠纷。

6.3.3　离职时如何保证公司不受影响

　　在离职时，员工的利益一般就集中在工资方面，其他方面受影响的概率很小。但公司方受影响的方面有很多，比如公司的公共财物、人事调动等方面。下面是一些保证公司不受影响的措施和行为约束。

- **对公司辞退的离职员工进行安抚**：一般公司都会在员工离职时进行离职谈话，在这过程中如果确定员工离职决心，那么作为公司就要细心地观察员工的情绪，对内心有不满的员工进行安抚，避免公司财物受到损失。

- **防止员工毫无准备就离职**：现在的正规公司只要签订了劳动合同的一般很少存在这样的问题。但公司要对存在这样的可能性保持警惕并做好防范措施。比如，领导学会从员工的工作状态中分析员工是否有离职心态；或者平时加强相关工作的员工之间的交流，使工作在进行交接时更快更容易。

- **公司要安排专人对公司的客户资料和机密文件进行清查**：公司安排专人对即将离职员工负责的项目的客户资料和公司比较机密的文件进行检查清理，避免客户资料和机密文件的泄露给公司带来不必要的经济或名誉损失。

综上所述，要保证公司不受离职影响，公司方面首先要做好带头作用，为人处世要得体，积极维护公司形象，给员工做好榜样。另外，公司要做好监督工作，从公司利益出发维护公司的财产安全。

6.4　了解财务的基本常识

财务是一个公司能够正常运作并提供资金支持的动力，更关系到公司员工的工资问题。财务体现公司的经营和管理能力，了解财务是员工和领导都不得不学习的环节。下面先了解一些财务的基本常识。

6.4.1　什么是财务管理

财务管理是指在一定的整体目标下，公司关于资产的购置（投资）、资本的融通（筹资）、经营中现金的流量（营运资金）以及利润分配的管理。

财务管理是企业管理的一个组成部分，是根据财经法规制度，按照财务管理原则组织企业财务活动和处理财务关系的一项经济管理工作。

财务管理包含 5 个目标：产值最大化、利润最大化、股东财富最大化、企业价值最大化和相关方利益最大化。

财务管理原则是为财务管理人员做好相关工作提供的依据和辅助，如图 6-18 所示为财务管理的 10 条原则。

1	风险收益的权衡——对额外的风险要有额外的收益进行补偿。
2	货币的时间价值。
3	价值的衡量考虑的是现金而不是利润。
4	增量现金流——只有增量是相关的。
5	在竞争市场上没有利润特别高的项目。
6	有效的资本市场——市场是灵敏的，价格是合理的。
7	代理问题——管理人员和所有者的利益不一致。

图 6-18　财务管理的原则

8	纳税影响业务决策。
9	风险分为不同类别——有些可通过分散化消除，有些是不可消除的风险。
10	道德行为就是要做正确的事情，但在金融业中处处存在道德困惑。

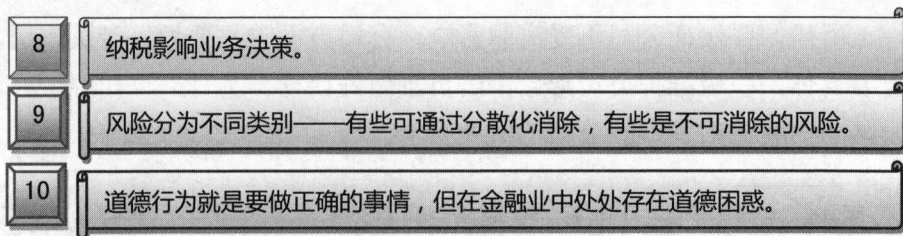

图 6-18　财务管理的原则（续）

财务管理的目标和原则分别对财务工作起到指引和辅助作用，明确目标和原则可以让我们更好地了解财务工作的内容并做好公司的财务管理。

6.4.2　会计、出纳的区别

我们在求职或者招聘的过程中会发现，会计与出纳是不同的岗位，很多人对两者的工作内容都不太了解，甚至是常常将两者混淆。那么会计和出纳有什么明显的区别呢？如图 6-19 所示为会计和出纳的区别。

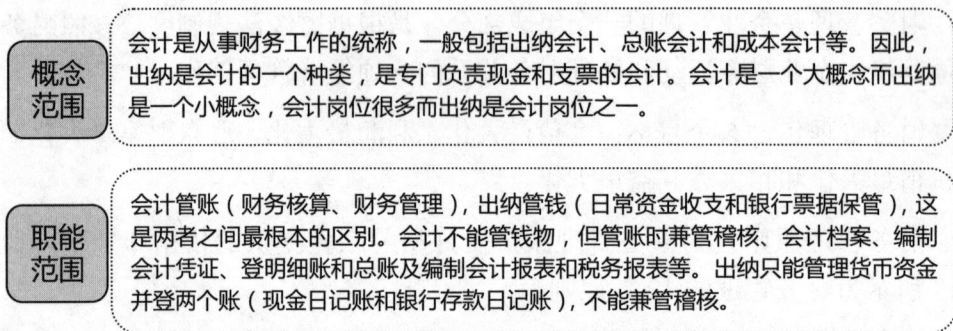

概念范围	会计是从事财务工作的统称，一般包括出纳会计、总账会计和成本会计等。因此，出纳是会计的一个种类，是专门负责现金和支票的会计。会计是一个大概念而出纳是一个小概念，会计岗位很多而出纳是会计岗位之一。
职能范围	会计管账（财务核算、财务管理），出纳管钱（日常资金收支和银行票据保管），这是两者之间最根本的区别。会计不能管钱物，但管账时兼管稽核、会计档案、编制会计凭证、登明细账和总账及编制会计报表和税务报表等。出纳只能管理货币资金并登两个账（现金日记账和银行存款日记账），不能兼管稽核。

图 6-19　会计、出纳的区别

（1）工作岗位

会计与出纳属于不相容职务，单位里这两个岗位不能由一人担任。出纳只是会计的一个岗位，负责现金的收付工作；会计岗位包括：会计机构负责人或会计主管人员、出纳、财产物资核算、工资核算、成本费用核算、财务成果核算、资金核算、往来结账、总账报表、稽核和档案管理等。

（2）工作职责

会计和出纳因为职能范围不同，所以工作职责也有所差异，我们来看一下他们各自具体的工作职责有哪些。会计的工作职责包括以下 6 个方面。

● 严格执行上级规定的有关会计业务的法律法规，负责预算内外一切账目及固定资产总账的账务处理，行使会计职责职权，严格从事会计业务、会计核算和会计监督活动，当好领导的参谋。

● 按照会计制度规定设置账目、审核单据和填制凭证，按时结账对账，编制会计报表，报表内容要完整、数字清楚正确而且要及时报送，做到账目健全清楚、日清月结和账证账务相符。

● 管理和监督所需的各项资金，严格按照财务管理制度从事一切业务活动，保证收入合乎标准，支出合乎手续。

● 建立并管理财务档案，依照国家"会计档案管理办法"建立健全会计档案，做到资料齐全保密。

● 加快实施微机化管理账目的步伐，建立健全微机化管理制度。

● 坚持坐班制，有事向主管负责人请假。

出纳的工作职责包括以下 8 个方面：

● 根据审核签章的记账凭证办理现金和银行存款的收付结算业务。

● 及时登记现金和日记账，日记账做到日清月结，账实相符。

● 严格按照支票使用管理办理对外结算业务，不签发空头支票和空白支票，不外借账户，不坐收资金。

● 及时与总账和银行对账单对账，月末编制银行余额调节表，做到账账相符。

● 负责与对外各单位往来款项的划转、核算，做到每笔往来款项数据准确、依据充分。

● 负责与财务处的业务联系，及时接受其业务指导。

● 定期向主管负责人汇报本单位的货币资金结存情况。

● 按规定办理其他所管辖事务。

6.4.3 公司的资产包括哪些内容

公司资产是指企业拥有或控制的，能以货币计量的经济资源。它包括各种财产、债券和其他权利。根据不同的分类标准可将企业资产分成多种类型。

按流动性，企业资产可分为流动资产和非流动资产。流动资产是指现金以及可以合理预期将在一年或者超过一年的营业周期内变现、出售或耗用的资产。非流动资产是指企业在生产经营中长期使用或为某种目的长期持有的资产。

其中流动资产包括货币资金、短期投资、应收及预付款项、存货、待摊费用等。非流动资产包括固定资产、长期投资、递延资产、生物资产和其他资产等。其具体情况如图 6-20 所示。

货币资金	指可以立即投入流通，用以购买商品、劳务或偿还债务的交换媒介。它包括库存现金、银行存款和其他货币资金 3 个总账账户的期末余额。具有专门用途的货币资金不包括在内。
短期投资	指企业购入能够随时变现，并且持有时间不超过一年（含一年）的有价证券、股票、债券和基金等。
应收及预付款项	指企业在日常生产经营过程中发生的各项债权。应收款项包括应收票据、应收账款和其他应收款等；预付款项是指企业按照合同规定支付的预付账款。
存货	指企业或商家在日常活动中持有以备出售的原料、产品、在产品或提供劳务过程中耗用的材料、物料和销售存仓等。
待摊费用	指已经支出但应由本期和以后各期分别负担的各项费用。它包括低值易耗品、一次支出数额较大的财产保险费、排污费、技术转让费和广告费等摊销期限在一年以内的各项费用。
固定资产	指企业为生产产品、提供劳务、出租或者经营管理而持有的，使用期限超过 12 个月的，价值达到一定标准的非货币性资产。包括房屋建筑物、机器机械、运输工具以及其他生产经营活动有关的设备、机器和工具等。
长期投资	指不准备在一年内变现的投资，包括长期债券投资、长期期权投资和其他长期投资等。
递延资产	指本身没有交换价值，不可转让，发生时就已消耗，但能为企业创造未来收益，并能在未来收益的会计期间抵补各项支出的资产。它包括开办费、租入固定资产改良支出和长期待摊费用。
生物资产	指农、林、牧、渔业等相关资产，分为公益性生物资产和消耗性生物资产。公益性生物资产不能直接为企业带来经济利益但具有服务潜能；消耗性生物资产指为出售而持有的，或在将来收获为农产品的生物资产，包括大田作物、花卉和林木业等。

图 6-20　流动资产和非流动资产的具体类型

根据资金的形态可以将资产分为有形资产和无形资产。有形资产是指具有实物形态的资产，如固定资产和流动资产；无形资产是指企业拥有或控制的，没有实物形态的可辨认的非货币性资产，如专利权和商标权等。

其他资产一般和递延资产差不多，都是一些长期待摊费用。

6.5　新公司需要的财务管理制度

很多企业都有一套自身的财务管理制度，对于新公司的财务管理制度一般比较简单，但是我们还是要从不同性质的资产入手制定相应的管理制度。

6.5.1　对流动资产的管理

要对流动资产进行管理，首先要明确流动资产的特点。流动资产流动性大，形态不断改变，其价值一次消耗、转移或实现，占用的资金数量具有波动性。对流动资产的管理必须符合3个要求。

● 保证流动资产的需求量，确保生产经营活动正常进行。

● 尽量控制流动资产的占用量。占用过多会增加资金成本影响经济效益。

● 加速流动资金的周转，周转快意味着占用少。

对流动资产的管理分为货币资金管理，应收账款管理和存货管理三大内容，下面分别进行介绍。

(1) 货币资金管理

货币资金管理包括现金管理、转账结算和贬值货币资金计划等，如图6-21所示。

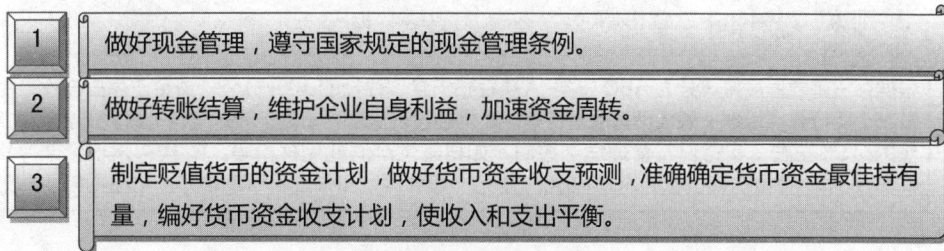

1	做好现金管理，遵守国家规定的现金管理条例。
2	做好转账结算，维护企业自身利益，加速资金周转。
3	制定贬值货币的资金计划，做好货币资金收支预测，准确确定货币资金最佳持有量，编好货币资金收支计划，使收入和支出平衡。

图6-21　货币资金管理

（2）应收账款管理

应收账款的管理首先要做好应收账款计划，包括核定应收账款成本、编制账龄分析表、预计坏账损失和计算坏账准备金。其具体管理措施如图 6-22 所示。

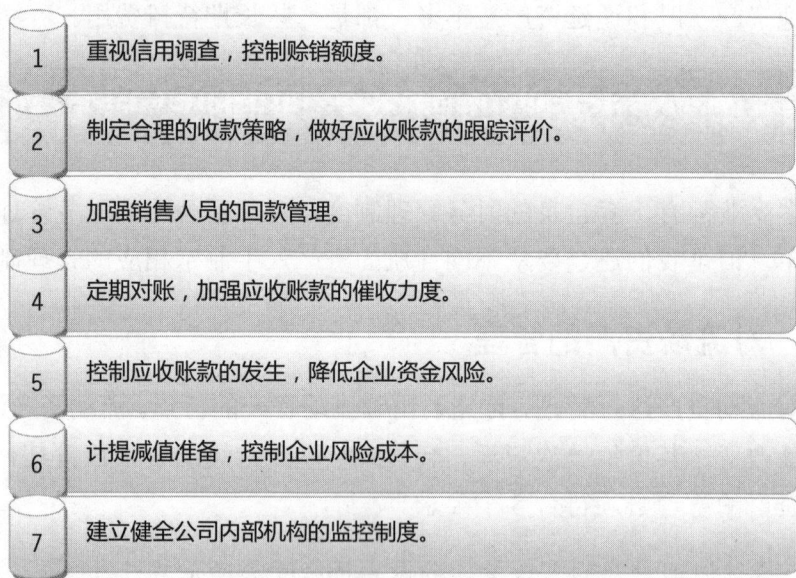

1	重视信用调查，控制赊销额度。
2	制定合理的收款策略，做好应收账款的跟踪评价。
3	加强销售人员的回款管理。
4	定期对账，加强应收账款的催收力度。
5	控制应收账款的发生，降低企业资金风险。
6	计提减值准备，控制企业风险成本。
7	建立健全公司内部机构的监控制度。

图 6-22　应收账款管理

（3）存货管理

存货管理首先要编制存货计划，作为合理安排储备资金的依据；其次要加强存货产品的控制，以最小的存货投资获得最大的利润，如图 6-23 所示。

严格执行财务制度规定

对货到发票未到的存货，月末应及时办理暂估入库手续，使账、物和卡这 3 项（物料购买卡、领用卡、存货卡）相符。

采用 ABC 控制法，降低存货存量，加速资金周转

根据存货重要程度将其分为 ABC 三类，A 类存货占全部存货的 10%~15%，资金占存货总额的 80% 左右，实行重点管理，如大型备品备件等。B 类存货占全部存货的 20%~30%，资金占全部存货总额的 15% 左右，实行日常管理适当控制，如日常生产消耗用材料等。C 类存货占全部存货的 60%~65%，资金占存货总额的 5% 左右，进行一般管理，如办公用品等随时都可以采购。

图 6-23　存货管理

加强存货采购管理，合理运用采购资金，控制采购成本

计划员要有较高的业务素质，熟悉生产工艺流程；规范采购行为，增加采购透明度；杜绝采购黑洞；充分利用 ERP 管理模式，实现存货资金信息化管理。

图 6-23　存货管理（续）

ERP

ERP 是企业资源计划（Enterprise Resource Planning）的简称。ERP 将企业的财务、采购、生产、销售、库存和其他业务功能整合到一个信息管理平台上，从而实现信息数据标准化。

在信息技术基础上，ERP 以系统化的管理思想为企业决策层及员工提供决策运行手段的管理平台，其核心思想是供应链管理。

6.5.2　固定资产的管理

固定资产的管理包括固定资产的确认和折旧两方面，具体管理行为如图 6-24 所示。

1	明确资产分类和权限设置，确定购置方式和经费来源，明确使用方向和存货地点等。
2	资产评估、价值确定、数据录入、标签打印与张贴。
3	资产折旧、转移、价值变更、使用年限变更、存放地点变更、资产状况变更等。
4	核查盘点，数据下载、上传，生成盘点报告。
5	报表统计与查询，各种记录的查询和各种分析表的制定。

图 6-24　固定资产管理

6.5.3　负债的管理

公司在经营过程中，除了拥有自己的资产，还会产生自己的负债，因此对负债也要进行科学的管理，具体分为 3 个阶段。

● **第一阶段**：资产负债的总括管理。

- **第二阶段**：资产负债各个项目的具体管理，以求得各项目的最佳组合。

- **第三阶段**：为实现利润目标进行利差管理、间接费用的控制、流动性管理、资本管理和税收管理。

要做好负债的管理，公司需要先做好负债的确认。将一项现时义务确认为负债，除了应符合负债的定义外，还要同时满足两个条件，如图 6-25 所示。

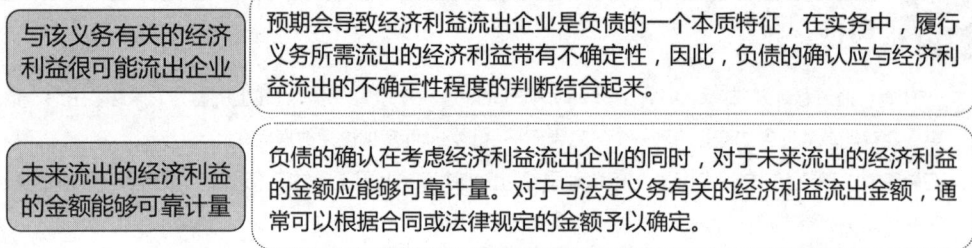

与该义务有关的经济利益很可能流出企业	预期会导致经济利益流出企业是负债的一个本质特征，在实务中，履行义务所需流出的经济利益带有不确定性，因此，负债的确认应与经济利益流出的不确定性程度的判断结合起来。
未来流出的经济利益的金额能够可靠计量	负债的确认在考虑经济利益流出企业的同时，对于未来流出的经济利益的金额应能够可靠计量。对于与法定义务有关的经济利益流出金额，通常可以根据合同或法律规定的金额予以确定。

图 6-25　负债管理方法

负债管理的内容包括：短期借款管理、应付票据管理、应付账款管理、预收货款管理、应付工资、应交税金管理、应付利润、预提费用管理以及其他应付款管理。

6.5.4　成本费用核算管理

成本费用泛指企业在生产经营中所发生的各种资金耗费。

成本费用核算是指根据会计学原理、原则和规定的成本项目，按照账簿记录，通过各项费用的归集和分配，采用适当的成本计算方法，计算出完工产品成本和期末产品成本，并进行相应的账务处理。

加强成本费用核算管理的三大原则如下。

- 正确区分各种支出的性质，严格遵守成本费用开支范围。

- 正确处理生产经营消耗与生产成果的关系，实现高产、优质和低成本的最佳组合。

- 正确处理生产消耗与生产技术的关系，把降低成本费用同开展技术革新相结合。

成本费用核算管理包括 3 个方面，其主要内容如图 6-26 所示。

明确成本费用的开支范围和标准

成本费用包括工资、津贴、补贴、超产奖、安全奖、职工福利费、折旧费、税金、财产物资保险费、五险一金、劳动保险费（丧葬补助费、抚恤金等）、水资源费及水文测报费、工会经费、教育经费、土地使用费、物料消耗、修理费、办公费、水电费、差旅费、低值易耗品摊销、劳动保护费（防暑降温用品、值班被褥等）、运输费、租赁费、业务招待费及其他费用（咨询费、诉讼费和独生子女保健费等）。

合理划分生产成本费用和管理费用的界限

直接生产人员的工资（指工资总额）、按规定提取的福利费和劳动保护费、直接用于生产的各种材料、备品备件和低值易耗品、生产用的房屋建筑物和生产设备的修理费、固定资产折旧费、因生产需要从外单位租入固定资产的租金以及水资源费和水文测报费等属于生产成本费用，其余的都属于管理费用。

明确成本费用核算方法

确认付款信息的准确性，申请原因和摘要填写要规范，各种类型费用的报账要规范完整，费用计提时间要准确，清楚各个科目的会计期间等。要知道不同类型的企业适合的成本费用核算方法有所不同。主要方法有 5 种，分别是分步法、分类法、分批法、品种法和 ABC 成本法。

图 6-26　成本核算管理的三大内容

成本费用核算方法的适用范围

大批量多步骤多阶段生产的、管理上要求按生产阶段、步骤和车间计算成本的、冶金、纺织和造纸等流水生产企业适用于分步法；产品规格繁多并按一定标准进行分类的企业（鞋厂、轧钢厂等）适用于分类法；单件小批生产企业或按客户订单生产的企业适用于分批法（也称订单法）；大批量单步骤生产企业（如发电、采掘业等）适用于品种法；ABC 成本法是一种间接费用法，需要和其他方法相结合使用。

6.5.5　收入、利润和税金的管理

收入、利润和税金的管理首先要明确各自的分类，然后根据分类的不同具体了解其管理措施或办法。

（1）收入的管理

收入管理是要明确收入的来源及分类、及时记录收入的账单等。以营业收入的日常管理为例来深入了解。

● 建立客户分账户。

● 各营业点收入结算管理。

- 为离店客户提供准确的结账服务。

- 坚持收入稽核制，防止舞弊行为的发生。

（2）利润的管理

利润的管理包括明确利润组成部分和计算公式、确定利润分配形式、制定利润分配程序以及确定利润考核方法等内容。

- **企业利润组成和计算公式**：包括营业利润、投资净收益和营业外收支净值。营业利润=营业收入-营业成本-税金及附加-管理费用-财务费用-销售费用-资产减值损失+公允价值变动收益+投资收益+其他收益等。

- **利润分配方式**：交税形式、分红形式、留利形式和提取公益金形式。

- **利润分配程序**：先弥补上年亏损，再按国家规定做相应调整后缴纳所得税，最后进行税后利润分配。其中税后利润分配的程序有 4 个步骤，首先支付被没收财物损失和各种税收滞纳金、罚款；其次提取法定盈余公积金；再次提取公益金；最后向投资者分配利润。

- **利润考核方法**：利润额、人均利润额、营业利润率和总资产利润率。

（3）税金的管理

税金的管理首先要将税金分类，总共有 3 类，如图 6-27 所示。

计入管理费用的税金

房产税、车船使用税、城镇土地使用税、土地增值税、契税、车辆购置税、印花税、资源税和环保税。

增值税、消费税和附加税

增值税、消费税、城市维护建设税、教育费附加、地方教育附加和关税。

所得税

企业所得税和个人所得税。

图 6-27　税金的分类

税金的管理就是要在明确纳税主体的前提下，先计算出应纳税所得额，再结合应纳税所得额和各种税收相应的税率计算出应交纳的税金，并根据纳税的程序完成税金的缴付。

6.5.6　财务报表

财务报表是一套会计文件，是会计主体对外提供的反映会计主体财务状况和经营状况的会计报表，是财务报告的主要部分。

财务报表反映的是企业在一个财政时间段的财政表现及期末状况。它以量化的财务数字分目表达，包括资产负债表、损益表、现金流量表或财务状况变动表、附表和附注。

财务报表的管理内容主要是报表的编制、审核和保管。

● **报表的编制**：共 5 项要求，数字真实、内容完整、计算准确、报送及时且手续完整。

● **报表的审核**：对会计报表的质量进行全面监督、检查和控制，避免重复性工作，为合并汇总会计报表提高效率，同时也是会计报表质量的有效保障。其包括形式审核、表内运算关系核对审核以及表间勾稽关系的审核。

● **报表的保管**：将报表依次排序并加封面，装订成册后加盖公章。封面应注明单位名称、地址、主管部门、开业年份、报表所属年度、月份以及送出时间。由本单位会计机构负责人和单位负责人复审、签名并盖章，然后再报送。

6.5.7　财务分科

为了连续、系统、全面地核算和监督经济活动所引起的各项会计要素增减变化，我们有必要对会计要素的具体内容按其特点和经济管理要求进行科学分类，并事先确定分类核算的项目名称，规定核算内容。这种对会计要素的具体内容进行分类核算的项目称为会计科目。

(1) 按其归属的会计要素分类

这种分类方式将会计科目分为：资产类科目、负债类科目、共同类科目、所有者权益类科目、成本费用类科目和损益类科目。

其中资产类分为流动类资产科目和非流动类资产科目；负债类分为反映流

动负债科目和反映长期负债科目；共同类科目需要从其期末余额所在方向确定其性质；所有者权益类分为反映资本科目和反映留存收益科目；损益类分为收入性科目和费用支出性科目。

这六大类科目每个公司都会涉及，但对于刚成立的公司而言，一些细分的科目涉及不到，一般常见的科目如图6-28所示。

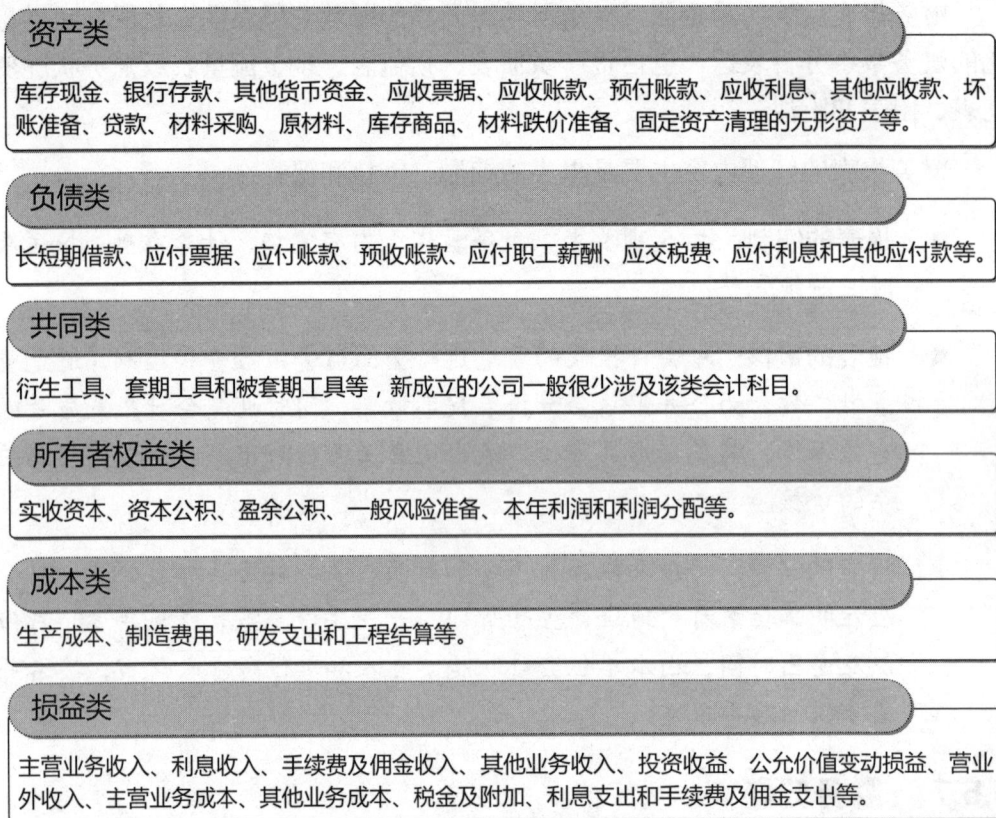

资产类

库存现金、银行存款、其他货币资金、应收票据、应收账款、预付账款、应收利息、其他应收款、坏账准备、贷款、材料采购、原材料、库存商品、材料跌价准备、固定资产清理的无形资产等。

负债类

长短期借款、应付票据、应付账款、预收账款、应付职工薪酬、应交税费、应付利息和其他应付款等。

共同类

衍生工具、套期工具和被套期工具等，新成立的公司一般很少涉及该类会计科目。

所有者权益类

实收资本、资本公积、盈余公积、一般风险准备、本年利润和利润分配等。

成本类

生产成本、制造费用、研发支出和工程结算等。

损益类

主营业务收入、利息收入、手续费及佣金收入、其他业务收入、投资收益、公允价值变动损益、营业外收入、主营业务成本、其他业务成本、税金及附加、利息支出和手续费及佣金支出等。

图6-28　会计科目表

（2）按其核算信息详略程度分类

这种方式将会计科目分为总分类科目和明细类科目。总分类科目比明细分类科目记载粗略但涵盖的方面更多，明细类科目则记载详细但不全面。

（3）按其经济用途分类

这种方式将会计科目分为盘存类科目、结算类科目、跨期摊配类科目、资本类科目、调整类科目、集合分配类科目、成本计算类科目、损益计算类科目和财务成果类科目等。

6.5.8　单位内部收入

单位内部收入就是企业从内部取得的收入，如职工押金和职工罚款等。一般职工押金都会退还给职工，只有在合同到期日前自行离职的职工，其押金根据企业规定不予归还或适当归还。罚款一般是对职工犯错的惩罚，一般不予退还，作为公司的补助资金等使用。

押金一般计入"其他应付款"科目，而罚款则计入"营业外收入"科目。

6.5.9　对财务档案的管理

财务档案也称会计档案，是指会计凭证、会计账簿和财务会计报告等会计核算专业资料。会计档案管理包括对会计档案内容、管理部门、归档、移交、查阅、保管期限及会计档案的销毁等内容。

（1）管理部门和移交

当年形成的会计档案，在会计年度终了后可暂由会计机构保管一年，期满后应当由会计机构编制移交清册，移交本单位档案机构统一保管，未设立档案机构的，应当在会计机构内部指定专人保管。出纳员不得兼管会计档案。

（2）档案查询

各单位保存的会计档案不得借出，如有特殊需要，经本单位负责人批准可提供查阅和复制并办理登记手续，查阅或复制时严禁在档案上涂画、拆封和抽换。各单位应当建立健全的会计档案查阅、复制的登记制度。

（3）档案保管期限

会计凭证类（原始凭证、记账凭证和总账凭证）保管期限30年；会计账簿类中总账、明细账、日记账和辅助账簿保管期限30年，现金和银行存款日记账保管30年，固定资产卡片在固定资产报废清理后保管5年；财务报告类中月、季度财务报告保管10年（包括文字分析），年度财务报告永久保管。

会计移交清册保管30年；会计档案保管清册、销毁清册永久保管；银行余额调节表和银行对账单保管10年。

（4）档案销毁

由本单位档案机构会同会计机构提出销毁意见，然后编制会计档案销毁清册，列明需要销毁的会计档案基本信息（如名称、卷号、册数和起止年度等），负责人在销毁清册上签署意见，销毁会计档案时应当由档案机构和会计机构共同派员监销。

国家机关销毁会计档案时，应由同级财政部门和审计部门参加监销；财政部门销毁档案时应由同级审计部门参加监销。监销人在会计档案销毁之前按照销毁清册上列举的内容进行清点核对，销毁后监销人要在销毁清单上签字盖章，并将监销情况告知本单位负责人。

期满但未结清的债权债务原始凭证或涉及其他未了事项的原始凭证不得销毁。未了事项完结而单独抽出立卷的会计档案，在销毁清册和保管清册中列明。

6.6 其他的财务项目

除了 6.5 节中提到的一些财务项目以外，还有一些其他项目也需要我们对其进行管理，如发票、支票等，下面将分别进行介绍。

6.6.1 对发票、收据的管理

发票的管理包括发票的购领、填开和保管等；票据的管理包括分清票据种类、适用范围和内容、票据的印制、领购、发放、使用和保管等。

(1) 发票的管理

首先，发票的购领有 3 种具体的情况，如图 6-29 所示。

1	已办理税务登记的单位和个人，根据规定向主管国家税务机关申请购领发票。1.提出购票申请；2.提供有关证件；3.持《发票领购簿》购买发票。
2	对于临时到外县（市）销售货物的，应当凭借机构所在地国家税务机关填发的外出经营活动税收管理证明向经营地国家税务机关申请购领或填开经营地发票。
3	依法不需要办理税务登记的纳税人以及其他未领取税务登记证的纳税人不得领购发票，需用发票时，可向经营地主管国家税务机关申请填开。

图 6-29　发票购领

其次，发票的填开需要遵守相关的发票填开规定。增值税一般纳税人填开专用发票，填开时遵守相关的规定；小规模纳税人申请代开发票，遵守代开发票的相关规定。最后，发票管理中的核心部分就是发票的保管，具体内容如图6-30所示。

1 单位和个人应当建立发票使用登记制度，设置发票登记簿，定期向主管国家税务机关报告发票使用情况。

2 单位和个人应当在办理变更或注销税务登记的同时办理发票和发票购领簿的变更、缴销手续。

3 使用发票的单位和个人应妥善保管发票不得丢失，若丢失应当在丢失当日书面报告主管国家税务机关，并在报刊等传播媒介上公开申明作废，接受国家税务机关的处罚。

4 开发票的单位和个人应按国家税务机关的规定存放和保管发票，不得擅自损毁，一经开具的发票存根联和发票登记簿保管5年，期满后报经主管国家税务机关查验销毁。

图6-30 发票的保管

（2）票据的管理

票据有非税收入类票据、结算类票据和其他财政类票据。票据由省级以上财政部门按管理权限分别监（印）制，或者按国家政府采购有关规定确定承印财政票据的企业并与其签订印制合同，禁止私自印制、伪造和变造财政票据。

省级以下财政部门应根据本地区用票需求，按财政管理体制向上一级财政部门报送用票计划，申领财政票据。财政票据实行凭证领购、分次限量、核旧领新制度。首次领购财政发票应按规定程序办理《财政票据领购证》。

财政票据的使用和保管的具体措施及规定如图6-31所示。

1 财政票据使用单位应指定专人负责管理票据，建立票据使用登记制度，设置票据管理台账，按规定向财政部门报送票据使用情况，票据存根一般保存5年。

2 财政票据使用单位不得转让、出借、代开、买卖、擅自销毁和涂改票据，不得串用票据，不得将财政票据与其他票据互相替代。票据应在本行政区域内发放使用，但派驻外地的单位在派驻地使用的情形除外。

3 票据按规定填写，字迹清楚且内容完整，印章齐全且内容和金额一致。因填写错误而作废的票据，应加盖作废戳记或注明“作废”字样，统一使用中文，不得擅自销毁。

4 保存期满需要销毁的，应报经原核发票据的财政部门查验后销毁；保存期未满但因特殊情况需提前销毁的票据，应报原核发票据的财政部门批准。

图6-31 票据的使用和保管

票据管理制度的完善还需要财政部门的监督检查，制定相应的法则对违反票据管理制度的行为进行约束和惩处。

6.6.2 对报账的管理

报账管理就是按照报账的规范程序和相关制度到相关管理部门报账。不允许超出报账规范制度报账，不得向不相关的管理部门报账。报账的内容、依据和数据等要准确完整，并做到真实可靠。

6.6.3 支票的购买、使用

支票的购买就是支票的申办，申请人使用本名并提交证明自己身份的合法证件，开立支票存款账户，然后预留本人的签名样式和印章，并向账户中存入一定资金，即可领用支票。图 6-32 所示为中国工商银行支票样式。

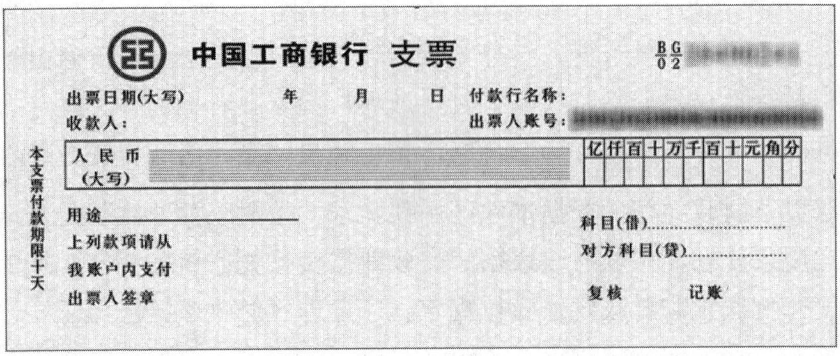
中国工商银行 支票
BG 02
出票日期(大写) 年 月 日 付款行名称：
收款人： 出票人账号：
本支票付款期限十天
人民币（大写）

亿	仟	百	十	万	千	百	十	元	角	分

用途
上列款项请从
我账户内支付
出票人签章
科目(借)
对方科目(贷)
复核 记账

图 6-32　支票

在支票使用过程中应注意一些细节问题，如图 6-33 所示。

1. 转账支票可以背书转让，现金支票不得背书转让。
2. 支票提示付款期为 10 天（从签发支票当日起，到期日遇例假则顺延）。
3. 支票签发日期、大小写金额、收款人名称不得更改，内容有误时可划线更正，并加盖银行预留印鉴之一证明。

图 6-33　支票的使用

| 4 | 支票遗失时可向付款银行申请挂失，挂失前已经支付的银行不予受理。 |

| 5 | 出票人不得签发空头支票或印章、银行预留印鉴不符的支票。 |

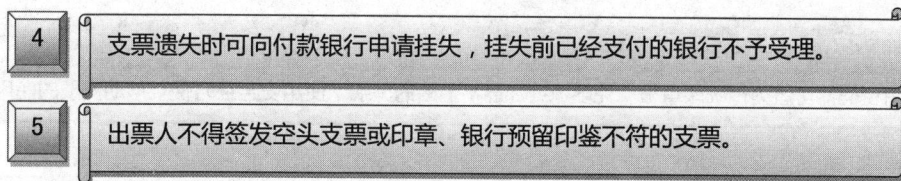

图 6-33 支票的使用（续）

6.6.4 企业的银行支付密码器

支付密码器是一种支付机具，采用中国人民银行总行和国家商用密码管理委员会（现为国家密码管理局）联合颁布的《支付密码器系统》标准，用于运算产生支付密码。其安全性由国家专门机构保证。

支付密码是根据票据号码、金额、账号和日期等信息计算出的一组 16 位密码，填写在票据上与印鉴结合作为付款依据。

支付密码主要应用在现金支票、转账支票、汇兑凭证、银行汇票申请书、银行本票申请书和人民银行规定的其他类票据上。

密码器的使用过程很简单。首先，打开密码器，然后输入口令，再选择支付凭证，把支票号码、出票日期和金额输入到密码器中，最后按密码器上的"确定"按钮，支付密码就生成了。

为什么很多企业会使用支付密码器呢？下面我们来了解密码器的优势，如图 6-34 所示。

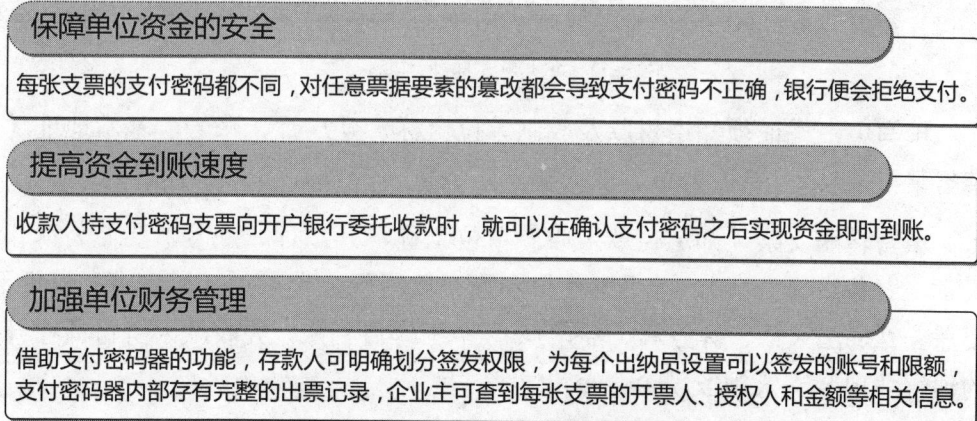

保障单位资金的安全

每张支票的支付密码都不同，对任意票据要素的篡改都会导致支付密码不正确，银行便会拒绝支付。

提高资金到账速度

收款人持支付密码支票向开户银行委托收款时，就可以在确认支付密码之后实现资金即时到账。

加强单位财务管理

借助支付密码器的功能，存款人可明确划分签发权限，为每个出纳员设置可以签发的账号和限额，支付密码器内部存有完整的出票记录，企业主可查到每张支票的开票人、授权人和金额等相关信息。

图 6-34 银行企业支付密码器的优势

推动支票全国通用

支付密码器可避免传统印章被"克隆"或加盖不清晰的弊端，使用安全且方便，推动支票的使用。

有效遏制空头支票

支付密码器的使用结合了支票圈存业务，圈存的同时验证支票信息，并预先从出票人账户圈存支票金额，一定程度上遏制了签发空头支票的现象。

图 6-34　银行企业支付密码器的优势（续）

6.6.5　企业账户转账

企业账户转账有不同的渠道和方式，根据转账的地域差异可分为电汇和转账；根据转账渠道可分为现金支票方式和网上转账。这些方式的具体操作和适用范围如图 6-35 所示。

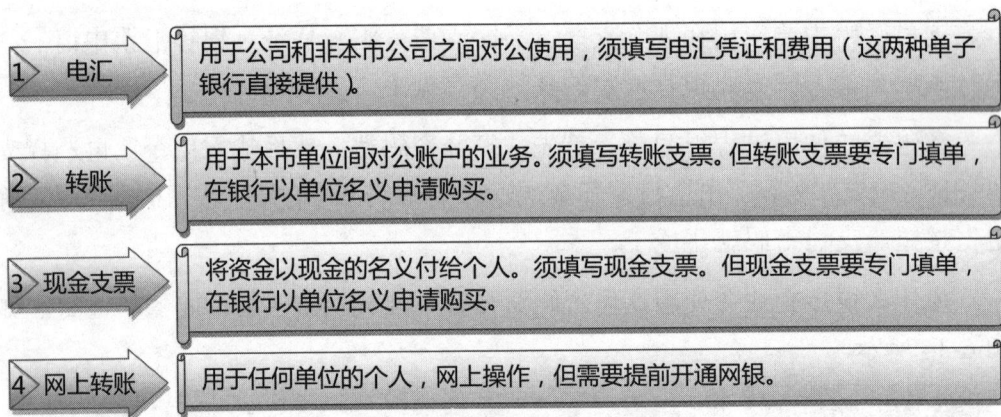

1　电汇　　用于公司和非本市公司之间对公使用，须填写电汇凭证和费用（这两种单子银行直接提供）。

2　转账　　用于本市单位间对公账户的业务。须填写转账支票。但转账支票要专门填单，在银行以单位名义申请购买。

3　现金支票　将资金以现金的名义付给个人。须填写现金支票。但现金支票要专门填单，在银行以单位名义申请购买。

4　网上转账　用于任何单位的个人，网上操作，但需要提前开通网银。

图 6-35　企业账户转账渠道和类型

填写电汇凭证须知道付款及收款单位全称、开户行、账号、基本地址（即某省某市某县），要盖公章、法人章、财务章（若有），3 个工作日到账。

填写转账支票须知道付款及收款单位全称、开户行、账号，要盖公章、法人章、财务章（若有），一个工作日到账。填写现金支票须知道名字、身份证，要盖公章、法人章、财务章（若有），一个工作日到账，凭收款人身份证在开户的银行凭现金支票领取现金。

第7章

新公司的日常管理

对于新开办的公司，日常管理的事务多而杂，如部门该如何设立，作为公司领导层应该如何进行自我管理，如何建立一个优秀的团队，在公司开张时该如何运作，公司开张会涉及哪些管理工作……针对如上问题，本章将详细进行介绍，从而让新公司的管理者了解日常管理工作的类型并执行管理。

中小公司部门的设置

善于与员工沟通

遇到冲突时怎么办

协调各个部门的能力

善于发掘下属的潜力

学会授权

优秀团队必备的要素

开业时要风风火火

服务营销是公司经营之本

开发新客户与留住老客户

申请企业贷款的流程

7.1 中小公司部门的设置

一般对于刚成立的中小公司而言，设置的部门和岗位都比较少，通常只有一个管理层，管理人员也就一两个，他们都身兼数职，处理公司大大小小的管理工作和杂事。

但是随着公司的不断发展壮大，分工越来越细，此时一个层次的管理就不行了，这时就有必要划分部门，让所有的事务由相关部门着手处理，从而确保公司正常、积极向上地运转。

在组织设计方面，企业高层管理者需要反复考虑的内容是设置多少个管理部门，对于创办初期的公司，由于各项业务都还在起步阶段，因此部门的设置尽可能少。

不同的企业，部门的设立各不相同，但是一般至少要包括综合管理部、财务部、营销部和生产部。下面具体介绍这几个部门的作用。

7.1.1 综合管理部

综合管理部又称办公室，这个部门的工作比较杂，兼顾人事、行政、后勤等部门的工作，对于刚成立的中小型公司，综合管理部涉及的具体工作内容包括如下一些。

- 协助公司领导组织公司日常办公，向公司领导和各部门提供后勤保障，为公司的正常业务开展做好服务。

- 负责公司各项制度及重要工作信息的收集、汇总、上报，各类文件、合同、协议、会议纪要的归档和管理。

- 负责公司各类会议、重要活动的组织筹备。

- 负责公司与对外单位的公关联络、文电收发与处理、公文核稿和印章管理。

- 负责公司人事劳资综合统计及人事信息、档案管理，按规定上报各类人事劳资统计报表。

- 制定公司人事、劳动工资、考核等管理制度、规章和办法并组织实施。

- 负责公司新人招聘、培训等事项。

- 负责公司实物资产管理。

- 负责组织公司党、工、青、妇及各项群众性活动的计划和组织。

- 负责公司注册、注销、年检及公司法律事务。

- 完成领导交办的其他事务。

7.1.2　财务部

公司的财务部主要负责本机构的财务管理，例如，关于资产的购置（投资）、资本的融通（筹资）、经营中现金流量（营运资金）以及利润分配的管理。

公司在创建初期更是要利用好每一笔资金，只有做好财务，才能避免资金的不合理利用，从而公司才有利润。

因此，对于新成立的中小型公司，财务部门的具体工作内容如下。

- 统计并核算员工的工资。

- 管理企业日常费用开销。

- 执行国家的财务会计政策、税收政策和法规。

- 制订和执行公司会计政策、纳税政策及其管理政策。

- 研究公司融资风险和资本结构，进行融资成本核算，提出融资计划和方案，防范融资风险。

- 负责公司存货及低值易耗品盘点核对。

- 领导授权或交办的其他工作。

7.1.3　营销部

营销部是公司的经济命脉，该部门的业绩好坏会直接影响公司的收入，尤其对于销售类型的中小公司，在公司开办初期，该部门的作用显得尤为突出，其身兼市场部、销售部的工作，具体的工作内容如下。

- 负责市场调查和企划工作。

- 负责编制和组织实施年度营销计划。

- 负责具体销售合同（订单）的评审与组织实施。

- 负责客户管理和信用风险管理。

- 负责售后服务管理。

- 负责营销收入和销售费用的管理。

- 负责品牌建设。

- 负责营销人员队伍建设。

- 参与公司年度工作报告的编制，负责向财务部提供相应资料。

- 参与制定科技发展战略，负责向技术中心提供国、内外音视频产品市场状况及趋势分析报告。

- 参与新产品研发计划，负责向技术中心提供新产品研发市场信息。

- 参与项目的立项及评审工作，负责向技术中心提供产品的市场需求意向及价格定位报告。

- 参与网络信息建设，负责向综合管理部门提供职责范围内的相应资料。

- 参与企业文化建设，负责向综合管理部门提供职责范围内企业文化建设资料。

- 负责上级领导交办的其他事项。

7.1.4　生产部

对于生产制造类型的公司，还需要设置一个生产部门，不管公司生产的产品是什么，对于产品质量的严格把控，才是新公司的生存根本。而这些所有的事务都是交由生产部处理的，其具体的工作内容如下。

- 根据营销部要货计划、车间生产能力及总经理意见，负责组织安排编制公司年度、月度生产计划。

- 负责组织制定物料消耗定额和各种生产技术经济指标。

- 按照公司年度、月度生产计划的要求组织车间贯彻实施，及时掌握生产作业进度。

- 负责全公司的生产调度工作，定期召开生产调度会议。

- 组织均衡生产，加强定额管理，降低消耗，提高劳动生产率。

- 严格按品种、数量、质量、交货期限、安全等要求完成生产任务。

- 根据国家和上级主管部门颁布的有关规定，制定公司安全生产的管理标准和规定。

- 组织各部门制订安全技术组织措施计划及不安全隐患的改进措施，并监督检查。

7.2 公司领导层的自我管理

对于新开办的公司,有一支良好的领导层队伍可以带领公司逐步走上正轨。由于创办初期，很多管理工作都要管理者身体力行，因此，要成为一个好的管理者，首先就要管理好自己，否则就会给他人树立错误的榜样。缺乏自我管理能力的领导者，注定不会有所作为。

7.2.1 自我约束

一位最佳领导者，是一位知人善任者，而在下属甘心从事其职守时，领导要有自我约束力量，而不插手干涉他们。

——罗斯福

作为一名公司领导者，在公司要把握住全局，就应该有自我约束能力，注意自己的言行举止。

俗话说："病从口入，祸从口出"。作为公司的领导者，要管理好自己的口，不利于公司发展的话不说，不能兑现的话不说，做一个少说空话的领导，多做实事。

此外，管理者还要约束好自己的"脑"。要做好这点，其关键在于把握好思维，遇事认真分析和判断，然后考虑是否需要实施，切忌盲目做出决定。

7.2.2　拥有良好的自我形象

俗话说："人靠衣装，佛靠金装"。作为公司领导人，你身上聚集了许多人的目光，因此拥有良好的形象对于领导人来说是很重要的。

衣着打扮在塑造良好形象时是最重要、也是最容易操作的一项要素，专业的形象能使创业者看起来更有说服力，做事时更具影响力。

那么，管理者应该如何从衣着打扮来塑造良好的自我形象呢？下面具体列举几个方面，如图 7-1 所示。

> **衬衣、领带**
>
> 正式场合需选择传统的大尖领西服衬衣，颜色以白色、蓝色和灰色为佳，也可选择隐约可见的暗纹素色衬衣，若是明条纹或格纹衬衣则适合稍微休闲一点的场合。
> 可选择蓝色、灰色和深红色的素色百搭领带，斜纹、圆点、几何形花纹看起来也比较正式，此外，领带底色可以选择与西装同色系或对比色系的。

> **西装、外套**
>
> 西装或较为正式的套装是重在质量，不在数量，选择适合自己的、质量上等的套装会瞬间提升个人形象。严肃场合选择黑色、藏青、深灰色正统常见西装，这种穿着会给人带来一种沉稳、可信赖的感觉，选西装的时候可将双手握拳放于胸前，双肘能举起到水平位置并且背部不松但也不紧，即为合适。
> 在正式场合，女士或不愿意穿西装的男士，可选择有领、有袖、挺实的外套，颜色不宜太鲜亮与花哨，女士选择裙装时也应以套装为主。

> **鞋袜**
>
> 黑色、深褐色、深棕色的系带皮鞋比较正式而且百搭，鞋面不能出现显眼的金属饰物和商标，不得有破损或过于破旧。选袜子时需考虑质量，棉袜最佳，其颜色应当和皮鞋颜色相近，千万别黑皮鞋配白袜子。

> **配饰**
>
> 选择质量较好颜色素雅的手袋、皮包、皮带、行李箱，并且要使之与服装合理搭配，随身携带质量上乘、做工精湛的钢笔、手表、名片夹，可用以提升个人形象。

图 7-1　着装要点

在站姿、行姿、坐姿与蹲姿方面注意一些礼仪规范，有利于领导者塑造一种端庄、挺拔的形象，其要点如图 7-2 所示。

站姿

头正、颈直、目视前方、下颌略收、微笑；双肩放松并打开；挺胸、收腹、立腰、提臀。男士可双脚与肩同宽，两脚张开约60°，重心落于两脚正中，手自然下垂，在体前或体后交叉，充满自信；女士双腿并拢，两只脚相距10cm，张角45°，两膝间无缝隙，站成 V 或丁字型。

行姿

头正、肩平、躯挺、步位直、步幅适当、步速平稳、面带微笑、自然摆臂；忌瞻前顾后、速度过快、声响过大。

坐姿

腰背挺直、肩放松；女性应两膝并拢，男性可双膝自然分开与肩宽；双手自然放在膝盖上或椅子扶手上。在正式场合，入座时要轻柔和缓。

蹲姿

下蹲时右脚在前，左脚稍后，两腿靠紧向下蹲；左膝低于右膝,左膝内侧靠于右小腿内侧，形成右膝高左膝低的姿态，臀部向下，不能撅着，特别是裙装女士要特别注意优雅的蹲姿。

图 7-2 礼仪规范

在公共场合，有一些会使人显得素质低下或不够职业化的禁忌动作一定要了解，其内容如下。

● 掏耳朵、挖鼻孔、当众挠头皮、摇膝抖腿、大声打喷嚏。

● 吐口水、乱扔垃圾。

● 开会时不关手机，在客户面前玩手机。

● 单手随意接名片，并且随手放进裤兜。

● 握手时轻飘飘不用力，或者手中有汗，滑溜溜与人握手。

● 客户来时不起身，会谈完毕不送客户。

● 与人谈话乱瞟地面而不看人面部。

● 介绍别人时不按照"尊者先"的顺序。

● 进门时不请来宾先进，不帮忙拉门，只顾自己。

7.2.3　提升自身气质

　　除了外部装扮之外，修炼出领导者的气质同样也有利于创业者提升魅力，气质包括了多方面，其内容如图 7-3 所示。

沉稳

情绪不能随意外露，遇事别慌张，或者说，别让员工和客户看到你慌张的样子；别四处述说自己的困惑，肆意寻求帮助；遇事要先思考后倾诉，不能朝令夕改。

责任感

要拥有使命感、责任感、包容心和亲和力。发现工作中出现过失时，先反省自身；着手一个计划，需先将权责界定清楚；要勇于承担责任，不能将损失任意转嫁给员工。

乐观

要有勇气去改变陈规；有胸怀接受坏消息；公司氛围遇到低潮时，要鼓励他人积极向上，不要对员工使用缺乏自信的词句；遇到争议问题要有主见；事情不顺时，需重新寻找突破口，不能轻言放弃。

大度

要用好脾气对待别人，通过良好的社交技巧让人觉得你和蔼可亲；不要过于计较别人的小过失；在金钱上要大方，不得抠门；避免对人傲慢；有了利益别自私得不和任何人分享；必须有人奉献时，请向前一步走。

细心

学会一日三省吾身，对身边发生的事情要常思考其来龙去脉；对执行有误的问题，要发现它们的根本症结；对常规事情要进行改进或优化；仔细寻找公司运营过程中的弊端，时常反省有无出现失误，然后时刻弥补不足之处。

真诚

言而有信，不说虚话；要以诚为本，不欺骗客户不进行不道德的商业竞争。

图 7-3　提升气质

7.2.4　为人处世要有魄力

　　魄力就是指处理事情所具有的胆识和果断的作风。对于公司的领导者而言，除了要有能力，还要有魄力，要敢想敢做。

【曹植叱推侍卫入宫】

曹操虽有 4 个儿子,但是只有长子曹丕和小儿子曹植可以继承。曹植才具盛名,曹操向来颇为欣赏,因此曹植一开始占据上风。二人各有参谋,曹植的参谋乃是主簿杨修,而曹丕找寻的参谋就是谋士贾诩。

曹操为了考验曹丕和曹植谁更能干,故意让二人都进宫办事,但是暗地里却吩咐侍卫不放二人入宫。

曹丕见守卫阻拦,于是没有进宫办事,而曹植在进宫时也遭受到守卫的阻拦,但是杨修给曹植出了个主意,就让曹植说:"我奉丞相之命,有阻拦者斩。"最后守卫就放行曹植进宫。

针对如上的小故事,作为公司的领导者,如果在遇到一点点小问题后就放弃,那么终究成就不了大事。

对领导者来说,魄力是一种必不可少的素质。不拖泥带水也是魄力的一个重要表现,优柔寡断往往容易错失机遇。有些领导干部就是因为魄力不够,能力得不到发挥,所以工作打不开局面。

7.2.5 善于与员工沟通

沟通是伴随管理全过程的一种管理行为,没有沟通也就没有管理。

要确保领导者清晰地下达命令,员工真实地领会领导者的指令,从而让工作高效执行,这都得靠员工和领导者之间的沟通,如果这个环节出现了问题,那么公司的高效执行力又如何能实现呢?

据研究表明,公司绩效的高低与领导者花在沟通上面时间的多寡成正比,愿意采纳员工意见的管理者更容易被接纳。

沟通具有 3 个要素,其内容与比重如图 7-4 所示。

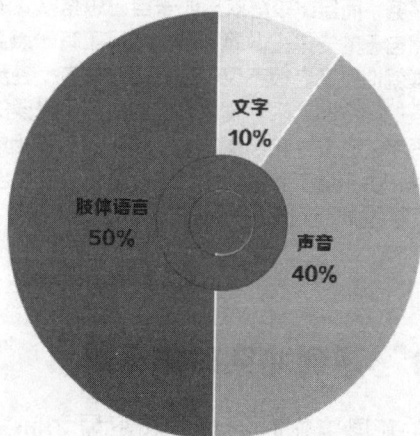

文字
10%

肢体语言
50%

声音
40%

图 7-4 沟通的要素

其具体做法如下。

- 通过会议、会谈、不记名信箱（邮箱）等方式收集员工的多方面意见，并有针对性地进行说明与解决。

- 全神贯注倾听员工的讲述，并给予回馈意见。

- 当面将谈话重点记录，并表示感同身受。

- 在与员工谈话时应显露出有兴趣的表情，可以将上身向前倾做出关注的样子。

- 通过茶话会、旅游等轻松的休闲途径进一步了解员工的心声。

管理层与员工之间缺乏沟通，会造成如图 7-5 所示的几种情况。

培养一批沉默是金的"聪明"员工

通常情况下，公司领导者大多是急性子、高效率的人，当在经营过程中出现问题时，第一反应就是如何解决问题。而此时也会追究责任人的责任，他们并不会过多的听取下属分析出现问题的原因。如果此时员工偶尔解释一句，都会被老板认为是在找借口。

因此，聪明的员工为了尽快结束老板的斥骂，通常都保持沉默。如果此时管理层能够与下属一起沟通，讨论与分析问题出现的原因，并共同寻求解决的办法，不仅能增加管理层和员工之间的感情，还能集思广益，寻求到最佳的解决方案。

培养不出挑大梁的核心人才

对于很多中小公司而言，很多老板都是白手起家，从小门小户开始做起，习惯了亲自处理所有事务，而且比较喜欢忠诚于自己思路模式的员工，即自己把事情安排得井井有条，要员工按照自己的安排去做事，不喜欢员工有一点点自己的想法。

这样就造就了老板不仅仅是公司管理者，甚至能充当一线的工作人员。而有些员工在执行管理层的指令时，明明发现老板的决定是错误的，也唯命是从。这种员工只会奉命行事，而没有思考的独立性和经营能力，是挑不起重担的。

此外，由于员工养尊处优惯了，没有人会站出来跟管理层探讨公司发展的新思路，从而导致公司的发展受到影响。

图 7-5　缺乏沟通造成的影响

7.2.6　遇到冲突时怎么办

在开展工作时，领导和下属之间发生冲突是很正常的现象，但是当发生冲突后，领导者要妥善处理冲突，这对领导形象的树立、上下级关系的改善、管理工作的改进起到促进作用。因此，把与下属之间发生的冲突处理好，是管理者要掌握的一项基本功。

当与下属发生冲突后，管理者要做到"五不"，具体内容如图7-6所示。

稳住情绪，不要崩场

对于管理者来说，下属顶撞自己自然很丢面子，但是此时无论如何，都要稳住情绪，抑制冲动，缓和气氛是当务之急，否则不仅激化矛盾，而且让其他员工觉得管理者不大度。当矛盾被弱化后，事情才好处理。

弄清缘由，不要糊涂

对于一个有头脑、有思想的管理者，在与下属发生冲突后，一定是首先弄清楚事情发生的缘由，而不是纠缠恩怨，增加上下级之间的积怨，这样更不利于问题的解决。

查找自身，不光怨人

俗话说，一个巴掌拍不响，如果下属与管理者发生冲突，肯定双方都有责任，此时管理者应先从自身找问题，反省自己领导能力的强弱，领导方法是否得当，工作安排是否合理……如果有这样的心态和姿态，问题就容易解决，而且还能维护和完善管理者的形象，并改进领导作风，提高领导能力，便于今后工作的开展。

主动调节，不可摆谱

下属顶撞领导后，领导者要尽快主动做调节，不要将一时冲动产生的冲突，使两人的关系一直僵持下去。如果管理者此时摆谱，不积极调节，双方的矛盾就会越来越激化，这样不仅员工的工作效率不高，而且管理者也不好安排开展工作。

度量大点，不记小账

通常情况下，当下属与领导发生冲突后，下属都会担心事后领导给自己"小鞋穿"，或者在工作安排中找自己的茬。这种做法都是小肚鸡肠的表现，缺乏领导风范。作为领导者，一定要有足够大的气量，对于鸡毛蒜皮的小事不斤斤计较，不重翻陈年旧账，要胸中装大事，心里想正事，眼睛向前看。

图7-6　管理者如何对待发生的冲突

员工与管理者发生冲突后，管理者的当务之急就是查明原因后迅速解决冲突，如果不及时解决冲突，不仅公司员工会议论纷纷，而且影响领导的威信，使工作难以开展。

根据不同情况、不同对象，采取不同的方法进行处理。其方法主要有以下几种。

● 以理服人

如果下属的意见有可取之处，此时领导者应以宽大的胸怀和诚恳的态度，主动接受意见，切不可明知自己错了，怕丢面子而装出一贯正确的样子。

如果下属的意见是错误的，领导也不可对其任意训斥，应具体针对下属的错误，耐心地讲道理、说明和解释，让对方心服口服。

● 以静制动

由于发生冲突时，下属和领导者双方情绪都很激动，此时管理者应尽量控制自己的情绪，保持冷静的态度，以静制动，待大家都冷静下来后，再具体问题具体分析，解决冲突。

● 以柔克刚

对于脾气毛躁、性情急的下属，当与之发生冲突后，最好不要硬碰硬，先在表面上附和他，待其缓和过来后，再言轻意重地指出他的错误，并将其往正确的方向引导。由于这类人大都心直口快，一旦他们明白了事理，也就不会固执己见了。

● 严词驳斥

前面介绍的方法都是说管理者首先要放低姿态，并且以比较缓和的方式来处理冲突，但是对于有些恶意找茬的员工，在与之发生冲突后，管理者应义正词严，对他进行严肃的批评，坚决不做出让步。

7.2.7   协调各个部门的能力

协调能力是指决策过程中的协调指挥才能。作为公司决策的领导者，必须掌握各种协调技能，才能够灵活自如地协调人力、物力与财力，让公司正常运转，问题快速解决。

下面介绍几种常用的工作协调方法，如图 7-7 所示。

会议协调

为了使各部门在同一目标下自觉合作，就需要经常开协调会议，这也是发挥集体力量，鼓舞士气的一种重要方法，会议的类型有以下几种。

【信息交流会议】：通过交流各部门的工作状况和业务信息，使大家减少会后在工作中可能发生的问题。

【表明态度会议】：商讨、决定问题的会议。与会者对上级决定的政策、方案、规划和下达的任务，表明态度，对以往类似问题执行中的经验、教训，提出意见。

【解决问题会议】：共同讨论解决某项专题的会议。目的是使相关人员能够统一思想，共同协商解决问题。

【专题培训会议】：旨在传达指令并增进了解，从事训练，并对即将执行的政策、计划、方案、程序进行解释。

现场协调

这是一种快速有效的协调方式。让相关人员面对面，请当事人阐述问题的原因和解决办法，集合广大群众的意见，共同快速解决问题。

结构协调

结构协调就是通过调整组织机构、健全组织职能、完善职责分工、建立制度等办法来进行协调。对待那些诸如由于分工不清、职责不明所造成的问题，应当采取结构协调的措施。

图 7-7 工作协调的常见方法

7.2.8 善于发掘下属的潜力

潜力是员工在工作中没能表现出来的潜在的能力和能量。公司要发展，归根结底需要人才，因此，一个优秀的老板需要擅长将员工的潜力挖掘出来，让他们在工作中发挥 120%的作用。

潜力的开发需要遵循 4 个要素，如图 7-8 所示。

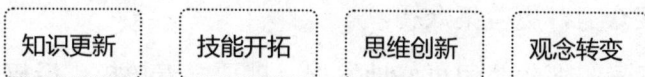

知识更新　　技能开拓　　思维创新　　观念转变

图 7-8 潜力开发的要素

我们需要从以下几个方面入手，来开拓员工的潜力，其具体做法如下。

● 鼓励员工自我学习，给予所有人竞聘上岗的机会，让大家能够凭能力晋职。

● 定期或不定期地给员工做技能培训，让其掌握最新的业内知识。

- 辅助员工设立目标，并且使目标具体化，让员工能明确地向着目标前进。

- 通过会议、讨论等措施，让员工不断地思考、反思，积极、乐观地看待问题。

- 即便只是员工不成熟的意见，也要倾听并给予解答或肯定。好的建议与构想，需在公司公布宣传并给予奖励，这会促使更多人一起为公司出谋划策。

- 储备相关岗位的人员，避免某个工作岗位只有一人，这样可以通过人才制衡那些老员工跟规章制度对着干，从而激发每位员工努力工作。

- 提高员工的幸福指数，把员工当作亲人或者朋友对待，在公司中营造出家的氛围，关心和帮助有困难的员工，提高员工对公司的满意度，相应地员工也会愿意努力为公司付出的。

- 良性的竞争才会保证公司健康持续的发展，因此公司可以建立完善的 PK 机制，只有竞争才能有效地激发团队的活力和潜力，从而筛选出优秀的员工。

7.2.9　学会授权

下君尽己之能，中君尽人之力，上君尽人之智。

——韩非子

如上这句话直接翻译即：昏庸的君主只懂得用独自一人的能力治国，普通君主用众人的气力治国，贤明的君主则用众人的智力治国。

其言外之意是：尽己之能不如尽人之力，尽人之力又不如尽人之智，高明的领导者不仅善聚众力，更善集众智。

作为公司的领导，要想公司更好地发展，就要学着放权、授权，做个"悠闲"的掌柜。

(1) 授权有什么作用

授权就是挑选合适的员工给予完成目标的相应权力，然后通过中间桥梁来完成工作目标，被授权的下级在完成任务的过程中有相当的自主权和行动权，老板只需要监督他即可。

授权的具体作用如图 7-9 所示。

管理者需要掌握的不是做事的方法，而是让别人做事的方法。

授权能让创业者腾出更多的时间，减少琐碎及重复性工作，专注处理一些重要任务。

只有通过授权，才能将有关责任和任务有效地分配给不同的员工，达到优势互补的效果，使任务顺利完成，并有效地提升团队绩效。

授权能激励员工，令下属有独立的自由，让员工更富成就感、创造力、创新意识和主人翁精神。

授权能提高员工的责任心，能促使员工不断创新，增强公司的灵活性，并提高服务水平增强市场竞争力。

图 7-9 授权的作用

（2） 如何进行授权

在授权之前，我们需明确管理者授予员工的到底是什么，其内容包含 3 个要素，如图 7-10 所示。

工作指派
授权负责某一项工作，在授权时除需说明工作性质、工作范围外，还要明确所要求的工作绩效。

权力授予
合理适度授予权力以完成工作的需要，要注意，权力的不足或过度都不可取。

确认责任
确认是授权不授责，还是被授予者对工作绩效负全责，后者若公司出现问题，被授权者要负连带责任。

图 7-10 授权的要素

我们可以把能授权的日常工作分为 3 类，根据事物的不同性质进行授权，如图 7-11 所示。

必须授权的工作包括本不该亲自去做的日常事务，例如接电话、打印文件等。

应该授权的工作，是普通职员能胜任的例行事务，例如谈客户，拉业务等。

可以授权的工作是具有难度、具有挑战性，需一定技能才能胜任的工作，比如招投标。

图 7-11　授权的分类

授权的方法如下。

● 确信员工有足够的能力去应对工作，解决困难。

● 向员工解释工作时应清晰表达做什么，为什么做，什么时候做。

● 有目的地视能力而授权，不同的事情可更改被授权人。

● 适度授权，事先应确定对方可用的人力、物力、财力、技术以及其他资源，讨论应达到怎样的目的。

● 不要刻意告诉员工应如何具体完成工作。

● 授权不是授予后就完全不再考虑这个问题，应给予被授权者信任并随时与其进行充分交流，给予辅导与支持，共同解决问题。

● 不能因为员工的工作失误而打击其信心。

（3）授权的注意事项

前面提到了能授权的工作，可见，有些事情是公司领导者，尤其是最高领导者不能授权的，并且在授权时也需要注意以下一些事项。

● 不能授权的工作包括关系公司前途命运的重要会晤和未来计划。

● 选拔员工，直接下属和关键部门的人事任免权也需亲自把关。

● 考核绩效办法、重大经营决策等需和合伙人商讨得出结论。

● 选择合适的人进行授权，例如要熟悉候选人的优缺点，并认真评估其经验和才能。

- 授权时要先明确任务目标，并准备一张全面的权限核对表，以确保任务的权责范围都已包括在内。

- 根据被授权者的经验水平以及信任程度，来确定是严加控制，还是相对的让其自由发挥。

- 要时刻监督工作进度，但不能干涉具体工作，只在必要时进行提醒和鼓励，在任务结束时需兑现奖惩。

- 确定被授权者时，要亲自将其介绍给团队成员，并把责任介绍清楚。这有助于被授权者被团队接纳，并提升其责任感。

7.3　建立优秀的团队

不管一个人多么有才能，但是集体常常比他更聪明和更有力。

——奥斯特洛夫斯基

从定义的角度讲，团队是由基层和管理层人员组成的一个共同体，它合理利用每一位成员的知识和技能协同工作，解决问题，达到共同的目标。

对于公司而言，团队是指由两个或两个以上具有一定利益关系的人，通过分享知识、合作行动或共同管理来一同创建公司，一个优秀的团队进行协作创业通常比单打独斗地开公司更高效、更易成功。

7.3.1　优秀团队必备的要素

要形成一个优秀的团队，必须具备 5 个要素，总结为 5P，分别是目标（Purpose）、人（People）、定位（Place）、权限（Power）和计划（Plan）。

- 目标（Purpose）：要形成一个团队，应该有一个既定的目标，通过这个目标将所有人联系在一起，并指明团队要向何处去。如果一个团队没有目标，则该团队就没有存在的价值。

- 人（People）：要实现目标，就需要对应的人员，因此，人员是团队最核心的要素，在选择团队人员时，应该如何选择呢？具体选择方法如图 7-12 所示。

选择创业团队成员时，应充分考虑人员的知识结构，选择各有所长的伙伴能事半功倍，例如在技术、管理、销售、客户资源方面均有人手，则能在团队运转中充分利用个人的知识和经验优势。

在公司发展的不同时期，对伙伴选择的侧重点各有不同。例如，创业初期技术人员比较重要；发展期则需要引入市场开拓人才；发展稳定期，成熟的管理者则成为公司的中流砥柱。

将关键员工纳入团队，根据其一段时期内的贡献、工作业绩和工作成果考虑分红或持股计划。

有效的创业团队需要有一个强有力的核心人物、透明沟通的平台、规范的运作方式、有效的执行能力以及具有凝聚力的企业文化。

图 7-12　团队成员的选择方法

- 定位（Place）：团队的定位包括两方面，一方面是指团队在整个公司中的定位，即团队由谁组建、成员如何选择、团队如何激励下属等；另一方面是指团队成员在团队中的定位，即具体分工情况。

- 权限（Power）：要让团队顺利地开展工作，就需要为团队赋予一定的权限，让其在处理某些问题和事务上更方便。

- 计划（Plan）：计划是确保目标有序进行的基础，只有在计划的操作下，团队才会一步一步地贴近目标，从而最终实现目标。

7.3.2　不同特色的创业者

要想组建成功的团队，首先需要分析自身特点，然后有针对性地去寻找合适的伙伴。通常，可以将创业者根据其特点分为不同的类型，如图 7-13 所示。

技术型创业者

乐于将时间花在提供产品、服务等方面，无法有充沛的精力兼顾日常管理工作，需寻找擅长管理与进行远期规划的同伴。

图 7-13　创业者的类型

英雄型创业者

主要由自己从事日常的管理工作，带领员工拼命向前冲，很少花时间思考公司的远期前景，也不爱反思近期问题。寻找一个职业经理人似的伙伴有利于公司的发展。

干预型创业者

招聘人才来辅助自己管理，但同时又不乐意放权，无法提升下属工作积极性。需有人协助共同管理或做一些辅助工作，才不会让公司变成独裁者的一言堂，这样一来，老板也不会过于忙碌。

策略型管理者

精明的管理者能正常处理日常管理事务，同时还能激励团队，思考并进行公司的长期持续发展。

图 7-13　创业者的类型（续）

7.3.3　一个团队需要不同的人

对一个团队而言，其成员必定是不同类型的人，各成员各司其职，才能确保团队持续发展下去，我们先来看一个小故事。

【4 只猴子的故事】

曾有人做了这样一个实验：将两间空房子里分别放了一定数量的食物，其中，在第一间房子中，直接将食物放置在地上，第二间房子的食物是从易到难将食物分别挂在不同高度的位置上，然后将 4 只猴子分别关在两间房子里，每间房子中有两只猴子。

【数日后发现】

第一间房子的猴子一死一伤，第二间房子的两只猴子都活得好好的。

【探索原因】

第一间房子的两只猴子进房间后看到地上的食物，为了争夺食物而相互攻击；第二间房子的两只猴子先是各自凭着自己的本能蹦跳取食，随着食物悬挂高度的增加，两只猴子选择协作取食（一只猴子托起另一只猴子跳起取食），共同生存下来。

通过这个故事，延伸到创业开办公司，在一定程度上也说明了人才与岗位的关系。若岗位难度过低，人人能干，则体现不出能力与水平，选拔不出人才，最终能力相当的成员为了存活就开始相互"残杀"。

岗位的难度要适当，循序渐进，犹如第二间房子放置的食物。这样，才能真正体现出能力与水平，发挥人的能动性和智慧。同时，相互间的依存关系使人才、团队间相互合作，共渡难关。

7.3.4 创业团队阶段特征

在创业初期，组建创业团队时，我们会经历不同的阶段，如果能很好地渡过各个阶段，就能顺利地使公司高效运转。在组建团队的每一个阶段其注意要点各不相同，其内容如下。

- **形成时期**：初步形成创业团队的内部框架、建立团队与外界的联系。

- **规范时期**：通过交流、讨论，明确职责，规划公司的各种规章制度，建立各种必要的规范。

- **震荡时期**：公司初步运营，隐藏问题会逐渐暴露，需通过讨论解决冲突，促进沟通改善关系，这一时期团队成员可能出现较大变化，应镇定面对这一状况。

- **凝聚时期**：形成有力的团队文化，具有更广泛的授权与更清晰的权责划分，公司顺利运行。

- **发展时期**：关注如何提高团队效率和效益，把全部精力用于应对各种挑战，获得创业成果，并对团队进行优化，向更远的路程前进。

培养团队的技巧

公司领导要对团队成员的所有表现负责，要让员工理解建立团队的观念和重要性；要培养协作的良好工作环境；要培养员工搭配干活的小组协作工作形式；要让员工了解团队中每位成员的表现都会影响到团队的整体成绩，包括薪资也可采用"打包"派送的方式，一荣俱荣，让团队成员间相互监督、相互促进。

7.4 日常运营中的问题

公司的营运管理过程同时也是一个不断解决问题的过程。为了让公司红火地发展，管理者还需要掌握一些经营公司的方法，以便让公司在行业内生存并发展。经营方法包含了多种内容，包括公司开业、服务营销、开发/挽留客户、资产再投资等，下面就进行详细介绍。

7.4.1 开业时要风风火火

据统计，有高达 70% 的消费者是在卖场中闲逛时做出购买决定，可见店头营销是一个非常重要的环节，这也就意味着，如果能红红火火地开业，就能吸引不少目标消费者。

(1) 开业策划

开业要风风火火，最惯用的方式就是策划开业庆典和打折促销。

- **开业庆典**：开业时，首先需选择一个好的时间，然后热热闹闹地搞一次庆典，在庆典之前，应做好所有准备工作，包括欢迎词撰稿、来宾邀请等，一定要事先邀请亲朋来凑人气。开业庆典的方式多种多样，常见的开业庆典方式如图 7-14 所示。

在公司附近做拱门、气球、条幅、海报等周边宣传。

公司领导、特邀嘉宾进行剪彩，可伴随放飞和平鸽、气球，拉彩炮等活动。

总经理致欢迎词，并播放公司的宣传影片（PPT 投影等）。

邀请乐队和歌手、舞者做表演。通常，为了突出振奋人心的热闹感觉，用鼓乐队是不错的选择。如果想要省钱，可以找街道大妈和学生社团进行表演。

在演出的过程中要派送公司 DM 单，将通过表演吸引来的人气引入店铺。

图 7-14 开业庆典仪式

- **打折促销**：伴随开业歌舞的自然应当是打折促销活动，在确定促销活动的形式之前，需明确开业首日是保销售额还是保毛利，开业促销的常见方法如图 7-15 所示。

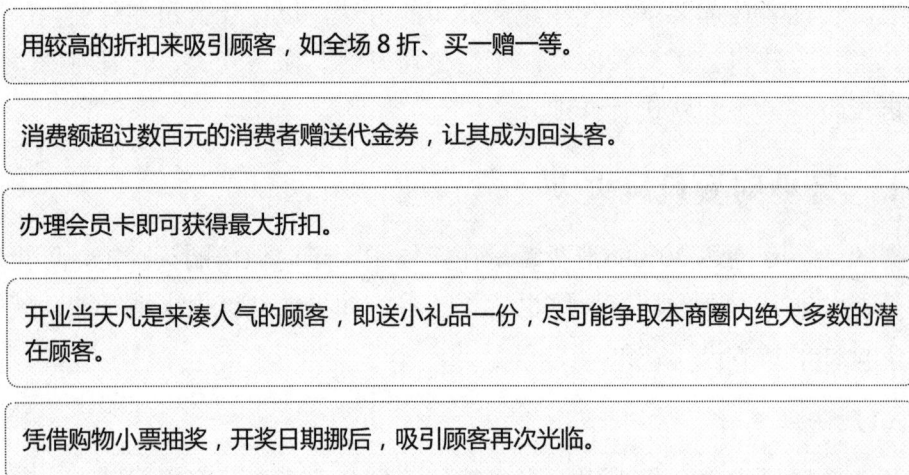

用较高的折扣来吸引顾客，如全场 8 折、买一赠一等。

消费额超过数百元的消费者赠送代金券，让其成为回头客。

办理会员卡即可获得最大折扣。

开业当天凡是来凑人气的顾客，即送小礼品一份，尽可能争取本商圈内绝大多数的潜在顾客。

凭借购物小票抽奖，开奖日期挪后，吸引顾客再次光临。

图 7-15　开业促销方法

（2）开业管理

公司开业当天，现场必定是热闹非凡的，为了确保开业有条不紊地进行，就一定要做好开业管理工作。

筹备庆典时需操作的事项如图 7-16 所示。

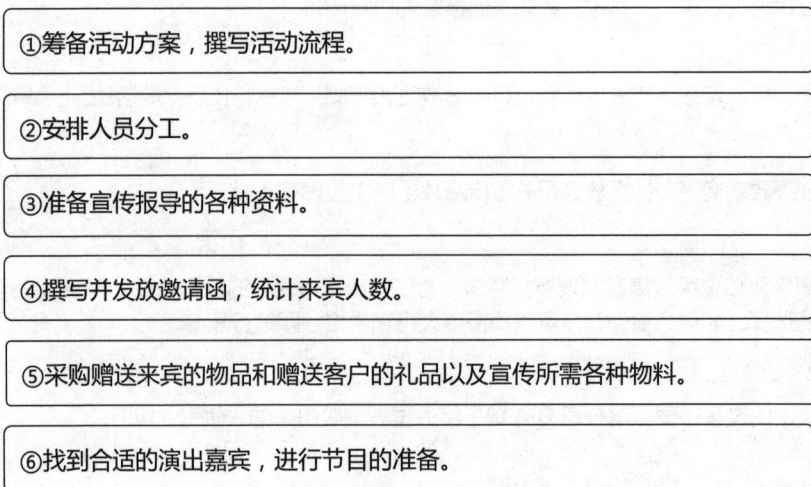

①筹备活动方案，撰写活动流程。

②安排人员分工。

③准备宣传报导的各种资料。

④撰写并发放邀请函，统计来宾人数。

⑤采购赠送来宾的物品和赠送客户的礼品以及宣传所需各种物料。

⑥找到合适的演出嘉宾，进行节目的准备。

图 7-16　开业庆典筹备事项

⑦布置会场、展台、展架、音响等。

⑧进行庆典的预演。

⑨安排好接待人员，正式开始开业庆典。

图 7-16 开业庆典筹备事项（续）

在开业当天，现场活动中需注意的事项如下。

● 严格按照开业流程表安排讲话、剪彩和庆典等活动。

● 安排专人负责安保工作，避免有人浑水摸鱼。

● 安排专人指挥车辆停放，引导嘉宾和客户行走，避免在一处多人聚集引起挤压冲突。

● 仪式结束后要安排嘉宾休闲进餐，若有邀请媒体记者，一定要注意提供新闻稿和小礼物。

7.4.2　服务营销是公司经营之本

任何公司，只有诚信、真心地为客户服务，才能得到对方的信任，这才是公司能长期持续发展的根本。

所谓服务营销，是指一种以人为本的营销概念，它通过关注客户进而提供服务，获得客户的满意度和忠诚心，最终实现对公司有利的发展。根据服务的不同特点，我们可以将其分为几类。

● **作用于人的有形服务**：人体处于服务的整个过程中，顾客需要在场以接受这样的服务所带来的预期效益，例如交通、理发、按摩、美容等。

● **作用于物的有形服务**：产品对象是被服务的客体，而顾客本人则不需在场，例如快递、宠物旅店等。

● **作用于人的无形服务**：直接作用于客户意识的服务，客户必须在场，例如教育课程、咨询服务、娱乐活动等。

● **作用于物的无形服务**：信息处理类型的服务，当服务开始实施后就不需要客户的直接参与，例如保险、代理期货交易等。

要想进行成功的服务营销，需对不同类型的商品进行有针对性的处理，要直切重点地把握客户心理，其具体的通用营销策略如图 7-17 所示。

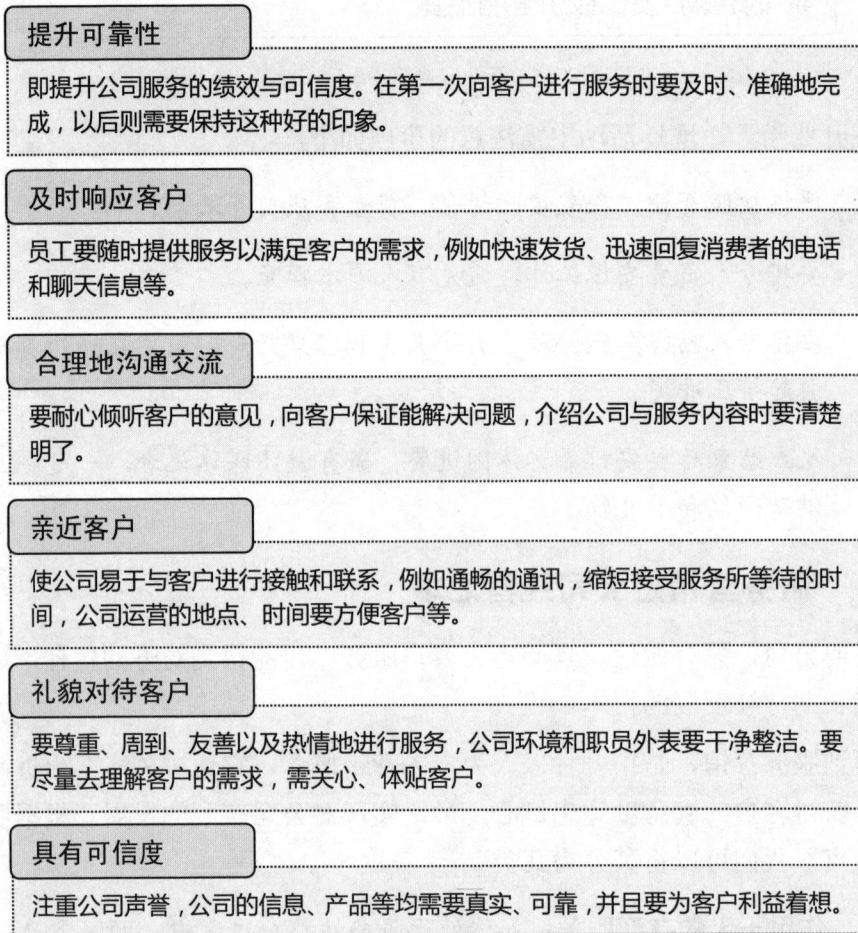

提升可靠性

即提升公司服务的绩效与可信度。在第一次向客户进行服务时要及时、准确地完成，以后则需要保持这种好的印象。

及时响应客户

员工要随时提供服务以满足客户的需求，例如快速发货、迅速回复消费者的电话和聊天信息等。

合理地沟通交流

要耐心倾听客户的意见，向客户保证能解决问题，介绍公司与服务内容时要清楚明了。

亲近客户

使公司易于与客户进行接触和联系，例如通畅的通讯，缩短接受服务所等待的时间，公司运营的地点、时间要方便客户等。

礼貌对待客户

要尊重、周到、友善以及热情地进行服务，公司环境和职员外表要干净整洁。要尽量去理解客户的需求，需关心、体贴客户。

具有可信度

注重公司声誉，公司的信息、产品等均需要真实、可靠，并且要为客户利益着想。

图 7-17　服务营销的通用策略

7.4.3　开发新客户与留住老客户

把握客户是公司经营中非常重要的一个环节，甚至可以说，我们的所有工作和服务都是围绕这一环节展开的。

企业经营者要不断地开发新客户、留住老客户，这样才能使公司持久地运行下去。

(1)　如何开发新客户

作为一个刚刚开业没有任何资源的新公司，我们应该怎样去寻找客户呢？其常用方法如下。

● **地毯式搜索法**

销售人员在任务范围内或特定地区、行业内，针对特定的群体，用上门推销、邮件或者电话、电子邮件等方式，在准客户的街道、单位、家庭附近甚至是直接一对一沟通，无一遗漏地进行寻找客户的操作。

地毯式的铺开搜索不会遗漏任何有价值的客户，能让更多人了解公司，但是成本高、费时费力还可能使客户产生抵触情绪。

● **广告开拓法**

推销人员利用各种广告媒介寻找准客户，利用广告的宣传攻势，把有关产品的信息传递给众多消费者，刺激或诱导消费者产生好奇心和购买的欲望，再向被广告宣传所吸引的客户进行面对面的推销。

这种方法传播信息速度快、覆盖面广并且能重复利用；其缺点是需要支付广告费用、针对性不够强。

● **连锁介绍法**

通过客户或朋友的直接介绍或者根据客户或朋友提供的信息寻找客户，例如可以通过企业的合作伙伴、职员的亲友等由他们进行介绍，主要方式有电话介绍、口头介绍、信函介绍、名片介绍、口碑效应等。

连锁介绍法对有特定用途的产品、专业性强的产品、服务性产品都有较好的推销效果，利用这个方法平时就应注意培养和积累各种关系，为现有客户提供满意的服务，创造出好的口碑才能实施该策略。

● **资料寻找法**

使用电话黄页、相关部门的统计调查报告、其他行业团体公布的客户信息资料等筛选出目标客户，对其进行了解后有针对性地拜访。可利用的资料有工商企业目录和产品目录、同学名录、会员名录和协会名录等。

● 交易会寻找法

利用大型的广交会、高交会、中小企业博览会等交易会，或社区附近的交流会、广场零卖等方式寻找客户。

● 举办活动寻找法

企业通过公共关系活动、市场调研活动、促销活动、技术支持和售后服务活动等，能直接接触客户并发展客户。例如，搞一个游园活动，欢迎客户邀请其朋友参加，即可发展不少的支线关系。

（2）如何留住老客户

大家都知道，留住一个老客户比挖掘一个新客户更难。每吸引一个新客户的成本，基本上是留住一个当前客户的5~7倍。下面我们来看一个例子。

【世界上最伟大的推销员】

乔·吉拉德，吉尼斯世界销售纪录保持者，他创造了5项吉尼斯世界汽车零售纪录：

● 平均每天销售6辆车。

● 最多一天销售18辆车。

● 一个月最多销售174辆车。

● 一年最多销售1 425辆车。

这位号称"世界上最伟大的推销员"，在15年中以零售的方式销售了13 001辆汽车，其中6年平均售出汽车1 300辆，他所创造的汽车销售最高纪录至今无人打破。

乔·吉拉德65%的交易多来自老客户的再度购买，他总是相信：卖给客户的第一辆汽车只是长期合作关系的开端。

因此，他为已有客户提供足够的高质量服务，使他们一次一次回来向他买汽车。

从乔·吉拉德的事迹中可以看到，留住老客户比新客户，甚至比市场占有率重要。

当新创立的公司拥有了客户之后，不可避免地就会涉及一个新的问题：如何维系并挽留客户。

首先，我们需要知道客户流失的常见原因及其大致的比例，具体如图 7-18 所示。

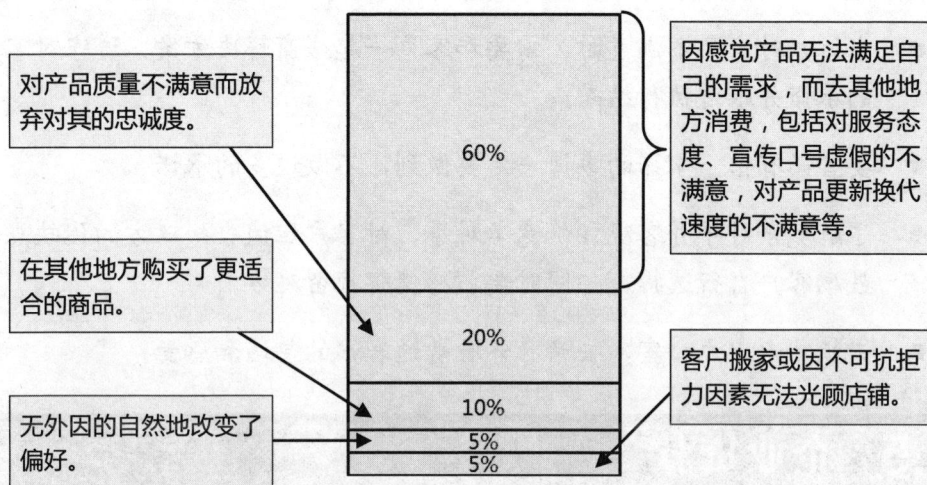

对产品质量不满意而放弃对其的忠诚度。

因感觉产品无法满足自己的需求，而去其他地方消费，包括对服务态度、宣传口号虚假的不满意，对产品更新换代速度的不满意等。

60%

在其他地方购买了更适合的商品。

20%

客户搬家或因不可抗力因素无法光顾店铺。

无外因的自然地改变了偏好。

10%

5%

5%

图 7-18 客户流失的常见原因及占比分析

了解客户流失的原因之后，我们就需要有针对性地挽留客户，其步骤如图 7-19 所示。

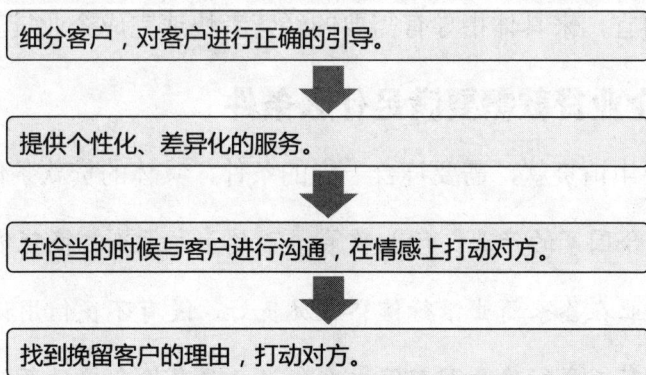

细分客户，对客户进行正确的引导。

提供个性化、差异化的服务。

在恰当的时候与客户进行沟通，在情感上打动对方。

找到挽留客户的理由，打动对方。

图 7-19 挽留客户的步骤

要想避免客户流失，我们需注意以下几点要点。

● 了解客户的需求，不推荐客户不适合的产品和服务。

● 宣传公司品牌优势，质量与售后优势。

- 提供必要的技术支持和更新换代服务，哪怕是餐饮企业也要不定期的推出新产品，以满足客户求新的心理。

- 建立累计消费优惠制度、会员制度。

- 重视客户服务，时常关心呵护客户（发邮件、赠送贺卡、小礼物等）。

- 当客户对产品不满意时，需要和客户一起磋商解决方案，遵守对客户的承诺并跟进执行结果。

- 要言而有信，承诺的事情一定要做到，不做过多的承诺。

- 了解竞争对手并客观评价竞争对手，对客户坦诚告知双方的优缺点，鼓励客户自行选择，但同时要打感情牌挽留对方。

- 老板需走出办公室，去亲身体验普通客户的待遇和感受。

7.5 企业贷款

公司在开办初期，如果遇到资金短缺从而影响公司的正常运营的，可以通过贷款的方式来解决资金问题。所谓企业贷款是指企业为了生产经营的需要，向银行或其他金融机构按照规定利率和期限的一种借款方式。下面详细介绍贷款的相关事宜，来具体指导有需要的经营者快速完成企业贷款。

7.5.1 企业贷款需要满足什么条件

公司要申请贷款，需要符合一定的条件，具体的贷款条件如下。

- 符合国家的产业、行业政策，不属于高污染、高耗能的小企业。

- 企业在各家商业银行信誉状况良好，没有不良信用记录。

- 具有工商行政管理部门核准登记，且年检合格的营业执照，持有人民银行核发并正常年检的贷款卡。

- 有必要的组织机构、经营管理制度和财务管理制度，有固定依据和经营场所，合法经营，产品有市场、有效益。

- 具备履行合同、偿还债务的能力，还款意愿良好，无不良信用记录，信贷资产风险分类为正常类或非财务因素影响的关注类。

- 企业经营者或实际控制人从业经历在 3 年以上，素质良好、无不良个人信用记录。

- 企业经营情况稳定，成立年限原则上在两年（含）以上，至少有一个及以上会计年度财务报告，且连续两年销售收入增长、毛利润为正值。

- 符合建立与小企业业务相关的行业信贷政策。

- 能遵守国家金融法规政策及银行有关规定。

- 在申请行开立基本结算账户或一般结算账户。

7.5.2 企业贷款需要准备的资料

符合企业贷款的公司要申请企业贷款，还需要准备相应的资料，具体分为公司基本资料和个人资料。

要准备的公司基本资料具体如下。

- 公司的工商营业执照、开户许可证、公司章程、验资报告和贷款卡。

- 公司近 3 年的年报、近 3 个月的财务报表以及近 6 个月的对公账单。

- 经营场地租赁合同及租金支付凭据，近 3 个月水、电费账单。

- 近 6 个月各项税单，已签约的购销合同（若有）。

- 企业名下资产证明。

要准备的个人资料具体如下。

- 借款人及配偶的有效身份证。

- 不动产权证权利人及配偶的有效身份证。

- 借款人、不动产权利人的户口本。

- 借款人、不动产权利人的结婚证。

- 个人资产证明，如房产、汽车、股票和债券等。

● 个人近6个月或一年的银行流水明细单。

7.5.3　申请企业贷款的流程

对于符合企业贷款条件的公司在准备好相关贷款资料后，就可以按图7-20所示流程进行贷款。

图7-20　申请企业贷款的具体流程

下面详细介绍各环节的具体办理流程。

（1）贷款申请

借款人需要贷款，应当向主办银行或者其他银行的经办机构直接申请。借款人应当填写包括借款金额、借款用途、偿还能力及还款方式等主要内容的《借款申请书》，并提供以相应的申请资料。

（2）银行受理审查

银行在接到客户提交的《借款申请书》及有关资料后，首先会对客户的基本情况进行核实，并对照银行的企业贷款条件判别该客户所在的公司是否具备建立信贷关系的条件。

其次，银行会根据借款人的领导者素质、经济实力、资金结构、履约情况、经营效益和发展前景等因素，评定借款人的信用等级。

需要特别说明一下，对借款人的信用等级评估工作可以是贷款人独立进行，也可由有权部门批准的评估机构进行。

除此之外，银行方面还会派专门的调查人员对借款人的信用等级，以及借款的合法性、安全性、盈利性等情况进行调查，并核实抵押物，最终测定贷款风险。

最后，审查人员会对调查人员提供的资料再次进行核实、评定，复测贷款风险度，最终按规定权限报批是否可以贷款。

（3）签订合同并放款

在银行对借款申请审查后认为借款人符合贷款条件并同意贷款的，此时银行会与借款人签订借款合同，与担保人签订担保合同。

银行在落实贷款条件，并按规定程序办理放款手续后，直接将贷款资金划入到借款人在银行开立的账户中。

【前车之鉴：大道从简，稳固人心】

【"老干妈"创始人：陶华碧】

陶华碧出生在贵州省湄潭县一个偏僻的山村。由于家境贫穷，她没有上过一天学。陶华碧结婚成家后不久，丈夫病逝，为了供养两个孩子，陶华碧去外地打工和摆地摊。

1989年，陶华碧用捡来的砖头盖了一间房子，开了个简陋的餐厅，取名"实惠餐厅"，专卖凉粉和冷面。

为了佐餐，陶华碧特地制作了麻辣酱，随着餐厅的开张营业，陶华碧发现大家都是冲着麻辣酱而来，而不是来吃凉粉。陶华碧潜心研究起麻辣酱，经过几年的反复试制，陶华碧制作的麻辣酱风味更加独特。

1994年11月，"实惠餐厅"更名为"贵阳南明陶氏风味食品店"，主营麻辣酱系列产品。由于供不应求，1996年7月，陶华碧租借了两间房子，办起了食品加工厂，专门生产麻辣酱，定名为"老干妈麻辣酱"。

麻辣酱加工厂成立初期，只有40名员工，没有生产线，所有的工艺都采用手工操作，但是捣麻椒、切辣椒是谁也不愿意做的苦差事。陶华碧身先士卒，带头剁辣椒。

1997年8月，贵阳南明老干妈风味食品有限责任公司成立，随着公司的成立，陶华碧除了要带头剁辣椒，还要处理各种事务，如财务、人事、工商、税务、参加政府会议等。

为了帮助母亲经营公司，陶华碧的长子李贵山辞去"铁饭碗"的工作回来帮母亲，在儿子的帮助下，陶华碧制定了"老干妈"的规章制度，这份规章制度很简单，没有过多教条式的形式内容，就是一些诸如"不能偷懒"之类的实在句子，虽然简单，但是公司11年来始终保持稳定，从来没有出过什么问题。

"老干妈"的机构组织也很简单，只有5个部门，陶华碧下面就两个主管，一个管业务，一个管行政，领导层经常都会扑向一线工作。

此外，陶华碧还非常体恤下属，例如，隔三岔五地跑到员工家串门，有员工出差，她像送儿女远行一样亲手为他们煮上几个鸡蛋，一直送到他们出厂坐上车后才转身回去……因此，公司没有人称呼她为董事长，大家都亲切地叫她"老干妈"。

由于陶华碧不识字，因此不懂算账，这不要紧，她请来自己的儿子，更放胆请来很多专业管理人员，还将他们送出去培训、进修……

凭借精明能干的管理团队，高效做事的员工，诚信的做事态度，不识字的"老干妈"把 5 元钱的生意做到了 36 个亿。

【**前车之鉴**：公司虽小，上至领导者、管理层，下到员工，只要大家实干，少走点形式，齐心协力就能创业成功】

第 8 章
新公司的宣传与法律法规

对于新成立的公司，只有学会宣传才能让客户了解公司，接受公司，这是新公司发展的重要环节之一。此外，新公司开办时以及经营初期，都会涉及各种法律问题，因此，作为经营者，了解基本的法律法规以及法律问题的处理方法十分有必要。

了解宣传的模式
了解宣传的媒介
适合新公司的宣传方式
宣传品的印制投放
宣传区域的管理
《公司法》的重要内容
《商标法》的重要内容
《劳动法》的重要内容
对工伤争议的解决
常见的企业诈骗
中小企业多与律师建立联系

8.1 一个新公司如何进行宣传

对于新开办的公司，一定要多宣传多推广，才能让更多的客户熟悉，这是拓展业务的前提。那么，一个新公司应该如何进行宣传呢？本小节将具体进行讲解。

8.1.1 了解宣传的模式

宣传是为了让客户知道公司、了解公司。针对公司的规模、性质和资金情况，可选择的宣传方法各有不同，常见的宣传模式列举如图 8-1 所示。

企业手册	宣传手册	POP 海报	户外广告	广告衫、帽
门头广告	门柱广告	灯箱广告	广告伞	户外展架广告
杂志广告	报纸广告	论坛广告	微博广告	建网站宣传
广播广告	电视广告	短信群发	座谈洽商	问卷、报告
游园活动	周年庆典	新品发布酒	……	

图 8-1 公司的宣传方法

宣传要考虑成本

不同的宣传方式需要花费的金钱各不相同，并且广告的覆盖面和持续效果也不一样，在考虑采用何种宣传方式时，一定要综合考虑其宣传成本，尽量以最少的支出，达到最佳的效果。

8.1.2 了解宣传的媒介

公司宣传方法很多，要具体实施宣传，就需要借助宣传媒介才能完成，那宣传媒介到底有哪些呢？在公共宣传活动中所使用的传播媒介主要有语言媒介、电子媒介、印刷媒介、户外广告媒介和售点广告媒介，下面逐一介绍。

（1）语言媒介

语言媒介以语言进行的信息传播。在人类社会发展中，语言媒介是传递信息最普遍、最常见、量最大的传播方式。在日常接待、新闻发布、演讲、沟通性会议、公务谈判等场合都是使用语言媒介传递信息，其使用注意事项如图 9-2 所示。

> 对讲述的内容要胸有成竹，并且用词应准确，尽量声情并茂。

> 语言要通俗、生动，在音量、音速上要让听众感觉舒服。

> 全神贯注地聆听，做到尊重讲话人，用积极的反馈激发讲话人的谈话热情。

> 用表情和动作鼓励对方倾诉，思索对方每句话包含的信息，然后有针对性地与之沟通。

> 文明提问，尽量避免直接提问带来的不礼貌，避免一次提多个问题，所有的问题必须围绕中心问题展开。

> 在公众场合对多人讲话时，开头要引人入胜，用诚挚的情感，选择有新意的事例引导听众的兴趣和注意力。

图 8-2　有声语言宣传的注意事项

语言媒介的两种类型

语言媒介包括有声语言和无声语言两大类，有声语言即口头表达，如上介绍的内容为有声语言的具体内容；无声的语言包括了微笑、肢体等辅助有声语言的表达方式，在使用这种语言时，应得体、亲切，不可挤眉弄眼，乱倚乱靠。

（2）电子媒介

电子媒介是当今社会比较流行的传播方式，它以电波的形式传播声音、文字、图像，运用专门的电器设备来发送和接收信息。电子媒介主要有广播、电视、录音、幻灯、多媒体和网络等。

下面就分别介绍常见电子媒介的特点，如图 8-3 所示。

广播媒介

广播广告单位时间内信息容量大、传播速度快、覆盖面积广、收费标准低，是最经济实惠的电子媒体之一。广播的制作过程比较简单，制作周期最短，制作成本不高，并且其受众层次丰富，非常方便实用。

广播的局限性在于，首先它只有声音没有画面，直观性不够强；其次是广播不宜保存，听过则忘；最后广播无法进行选择，只能任由听众随机性地收听信息。

电视媒介

电视媒介既作用于人的听觉，又作用于人的视觉，是一种较全面的传播方式，具有较强的冲击力和感染力，比其他媒介更生动、直观、迅速，并且传神，是影响最大、效果最好的一种媒介。

但是电视机不可能像印刷品一样随身携带，它需要在适当的收视环境进行观赏，并且，电视广告时间通常为15秒左右，在短短的时间之内就必须传递足够多的信息，且价格高昂，制作成本也非常高。如果没有足够多的资金，就无法选择电视传播媒介。

多媒体电脑媒介

多媒体电脑是指通过增加配置而集印刷媒介和电子媒介功能于一身的电脑，可以通过PPT软件制作宣传页面，甚至可以制作成动态的画面，然后通过播放演示文稿，将有声有色的内容投影在屏幕上向客户进行宣传。这是一种不需要花太多钱的宣传媒体，同电视广告一样能生动、直观、传神。

但多媒体电脑宣传方式也具有特定的局限性，它必须有投影设备（万元以内即可），还得有播放的场地，并且只能在固定的时间由专人进行播放。

网络媒介

网络媒介是报刊、广播、电视之后的"第四媒体"，是当今社会最为热门的广告宣传形式，它具有报纸、广播、电视等传播媒体的一般特性，而且具有数字化、多媒体、适时性和交互式传递的优势，是一种多样、及时、广泛、自由、交互的广告传播方式。

但网络广告的互动性决定了它和电视广告有很大的不同，电视广告可以强迫收看，网络广告却需要吸引客户主动点击收看。因此，网络广告要有更明确的广告对象，要引起客户的兴趣，满足其需要才能被其接受。

录音录像媒介

录音录像媒介类似电视和多媒体媒介，是通过电子录制设备对声音和录像进行保留后再选择合适的场所进行反复播放的一种宣传手法。

图 8-3　常见电子媒介的特点

（3）印刷媒介

印刷媒介主要是指利用纸质印刷品进行推广宣传的媒介。例如报纸、杂志、传单、招贴、书籍等都属于这种媒介。

下面分别介绍常见印刷媒介的特点，如图8-4所示。

报纸媒介

报纸媒介宣传，这是一种对公关活动宣传企业形象十分有效的手段。报纸便于选择与保存，可重复，信息量大，出版周期短，信息传递及时，能够针对某一片区大面积地进行广告促销。只是，报纸的信息量大导致了它注意度不够高，容易被目标客户忽略。

并且，销售量一流的报纸其广告位的价格也不低，几十万元刊登一次半版广告是非常寻常的价位，为省钱，我们可以想法刊登新闻类的文字软广告，但是，由于报纸属于静止媒介，软广告甚至不能配图，所以这种宣传表现形式比较单一，其生动性和及时性不如广播和电视。如果是力求生动、逼真、传神的内容，就要考虑选择实物或电子媒介。

杂志媒介

杂志是以成册装订的形式刊出的定期出版物，其内容含量大，印刷精良，美观度高，吸引力强，内容丰富多彩能够使读者多次重复阅读，读者阶层和对象比较明确，针对的客户群专业性也较强，对某一方面的信息传播集中、深入，如果侧重于深入宣传或针对性宣传，可选择杂志媒介。

但是杂志具有一定的局限性，首先，其发行周期长时效性差，不具备新闻价值，其次是杂志对读者的文化水平要求较高，很多人并不乐意于购买杂志，在杂志上投放广告其价格也较高，通常只适用于较高端的、艺术性较强的产品。

传单、易拉宝和海报

除了在别人的公共读物上刊登宣传广告外，我们还可以自己印刷宣传品，例如传单、图片、易拉宝、海报等。它们具有不定期、不专业、偶然性强和针对性强的特点。

传单属于单张性的宣传印刷品，内容较为简单，通常只针对目标集中的内容进行传播，如企业简介、产品说明、促销信息等。

图片是通过平面构图传递形象信息的印刷品，具有准确、客观、逼真、有震撼力的特点，适合于直观、醒目地传递信息。

易拉宝和海报都是印刷后的图文单页资料，它们是在公共场所进行公开悬挂和告贴的传播形式。有醒目、明确、针对性强的特点。

图8-4 常见印刷媒介的特点

印刷媒介也有缺点，其中时效性不强尤为显著，因为它不能像广播电视那样进行实时报道，通常需要一个制作周期来制作对应的宣传刊物。

此外，由于阅读宣传刊物需要识字能力，因此文盲和文化程度较低的人无法或不能充分使用这种媒介。

（4）户外广告媒介

户外广告媒介是指在建筑物的楼顶、商业区的门前、路边等户外露天场地或者公共场合通过广告的方式向他人进行宣传的一种媒介。可分为平面和立体两大类，具体内容如下。

- 平面广告有路牌广告、招贴广告、壁墙广告、海报、条幅等。
- 立体广告分为霓虹灯、广告柱、广告塔、灯箱广告、气球、大型充气模型等。

户外广告对地区和消费者的选择性强，例如可选择在特定的商业街、广场、公园进行针对性的广告表现，通过对某区域内的固定消费者进行反复宣传，可加深其印象。

但是，广告媒介覆盖面小，位置固定不动，客户关注的时间非常短暂，其效果难以测评。

（5）售点广告媒介

售点广告实际上是其他广告媒体的延伸，是一种广告效果非常强烈的现场宣传方式，对潜在客户能产生非常强烈的诱导作用。

例如，橱窗陈列、柜台、货架陈列、货摊陈列、现场海报广告、广告包装纸、说明书、赠品、奖券等都属于焦点广告媒介的范畴。

据研究表明，有30%的销售额是购买者在出门之前确定要买的东西所构成的，而在销售现场受到宣传影响，使潜在意识成为购买行为的则占70%，可见，销售现场广告宣传效果非凡。

8.1.3 适合新公司的宣传方式

了解了各种宣传媒介的特点之后，我们可以推算出最适合中小型公司的宣传方法就是口头宣传、印刷品宣传和网络宣传，因为这3种宣传方式的成本最低，最容易被操作。

　　例如，新开办的中小型公司可以制作一个网站或者开设一个淘宝店铺，然后通过发送传单的方式让周边社区的客户对公司有初步了解，布置好店铺吸引人流量，再辅助进行实体店销售和网络销售。

（1）开启互联网营销与传统营销融合新趋势

　　如今，我们的生活已经离不开互联网了。随着互联网的发展，公司的营销方式也由过去的传统宣传方式逐渐改变为互联网宣传方式。这几年比较流行的微博营销、微信营销也被越来越多的公司所利用。

　　面对这一趋势，公司也要紧跟互联网发展的步伐，把传统的线下营销方式与线上营销方式融合起来。把两者相结合需要公司做到以下几点。

- **思维模式的整合**：公司在制定产品的推广计划时就要把互联网营销和传统营销都考虑到，思维模式不能还停留在以前传统营销的基础上，而应该认识到互联网营销对于公司的重要性，同时也不能完全抛弃传统营销，不能把传统营销的方式用来运营互联网营销，要认识到两者的有机结合才能达到公司宣传的最好效果。

- **产品推广的整合**：公司在进行产品推广的时候就要把传统的推广方式与网络营销的推广方式结合起来，比如传统的发传单的营销方式与微信营销相结合，最简单的结合方式就是把公司微信的二维码印在DM单上，当客户在浏览公司宣传单的信息时就可以扫描二维码，客户可以通过二维码了解公司更多的产品信息。

- **线下与线上的整合**：公司可以将线下的商务机会与互联网相结合，让互联网成为线下交易的前台。公司可以把在互联网上寻找到的消费人群带到实体商店中，这样就使得互联网上的客户资源被引流到了线下，客户也可以通过在互联网上了解了公司产品后再到实体商店购买实实在在的产品，也节省了客户的时间。

- **整合三方面优势**：随着互联网营销方式的发展，互联网的营销方式也不仅仅局限于过去的PC端营销的方式，而应该把PC端的营销方式与移动互联网结合，同时再结合传统的线下营销方式。不同的消费者对于信息的接受习惯是不同的，整合这三者营销方式，就可以让不同的客户通过不同的渠道了解到企业。

（2）怎样更好地进行互联网宣传

公司要取得互联网宣传的成功还需要找到正确的互联网营销方式，这一点是很关键的，从平台的搭建到推广、与客户的网上交流都需要做到位。

公司要更好地进行互联网宣传，从而使互联网宣传取得预期的效果，要注意做到如图 8-5 所示的几点。

平台搭建完善

进行互联网宣传首先需要公司搭建好自己的平台，平台的搭建分为 PC 端平台的搭建和移动端平台的搭建。公司在进行平台搭建时要把两者都搭建好，常见的 PC 端平台，比如公司的电脑网站。移动端的平台，比如微信公众号、移动端的网站、微博等。

竞争对手的分析

如果公司同行也进行了互联网宣传，那么公司就要分析竞争对手与自身的互联网现状是怎样的，所谓知己知彼，百战不殆。了解对方的营销优势能够反映出公司的营销方式的不足之处。

制定全面的推广方案

在进行推广时公司就要制定全面完善的推广方案，比如最近主推的产品时什么。同时列明公司推广的方法有哪些，比如搜索引擎推广、微信推广、论坛推广等，对于后期应该怎样实施也应事先计划好。

对数据进行分析

互联网宣传进行了一段时间以后，公司这时就需要对一些数据性的资料进行分析了，比如近期 PC 端访问流量的分析、移动端客户反响情况的分析等。通过这些数据分析能够看出近期公司宣传是否达到了效果，也能对后期宣传工作的开展提供参考依据。

跟随市场的步伐

市场不是一成不变的，公司的互联网宣传方案也要跟着市场的改变而进行调整，比如在不同的月份公司产品的销售热度是不相同的，当产品需求处于旺季时，公司就要加大宣传的投入，调整宣传的方案。

图 8-5　更好地进行互联网宣传的方法

（3）互联网营销的错误理念

互联网营销是公司进行电子商务时代的桥梁，随着互联网营销方式越来越多样化，各种互联网营销咨询网站发表了不同的互联网营销观点，使得很多公司也因此陷入了一些互联网营销的误区，具体如图 8-6 所示。

理解错误

互联网营销中有些公司会产生互联网营销就是虚拟营销的观点，或者认为互联网营销就是单纯的产品推广。这种观念是错误的，互联网营销是公司宣传的一种媒介，不能理解为虚拟营销，而产品推广只是公司宣传的一部分。

概念混淆

在互联网营销中，公司常常会发布一些与公司产品有关的信息让客户进行分享，并为分享的客户提供一些好处。但是分享并不代表阅读，如果潜在客户并没有阅读内容，那么此次分享也是无效的。

放弃传统营销

放弃传统营销很明显是不正确的，互联网营销有信息量、性价比方面的优势，但是如果完全放弃传统营销，线下的潜在客户就会流失。而如果公司在互联网营销还不成熟的情况下就放弃传统营销就会损失更多的潜在客户。

不推广

有些公司认为互联网营销只需要搭建平台而不需要推广，这种想法是错误的，有了平台不推广，那么潜在客户就不会通过互联网这个平台了解到公司。没有人关注的平台是没有价值的，因此推广也是必不可少的一部分。

营销就是广告

有些公司认为互联网营销就是在网络上发布广告，这种想法也是错误的。公司在进行互联网营销时需要做的事是很多的，从平台搭建到推广、后期管理都是必不可少的，广告只是一种宣传方式而已。

图 8-6　互联网营销的误区

8.2　宣传品的管理

在印制、投放宣传品的过程中，需要对这些物品进行合理管理，这样才能避免资源浪费，及时得到信息反馈。

8.2.1　宣传品的印制投放

在印制投放宣传品的过程中，公司需要对广告宣传品进行管理，才能保证宣传品有效地用在刀刃上，其注意事项如下。

- 投放市场的广告用品需要由销售人员提交宣传用品申请，确定宣传品种类数量及制作要求，然后制作投放。

- 广告宣传用品制作完毕需清点入库，领取时必须注明数量和投放区域。

- 常规广告宣传用品如画册、广告单、包装袋等需每月盘点备案，以便及时安排需求调度，存货不足时要马上进行印刷定制。

- 业务员需搜集客户的反馈意见，对投放的广告宣传品进行效果评估，以便及时调整宣传方案。

- 由广告公司、业务员负责运送的宣传品，公司必须及时和客户联络，确定对方是否收到足够数量的宣传品。

8.2.2　宣传区域的管理

在宣传区域使用广告宣传品时，为了保证其宣传有效，并树立公司和产品的良好形象，刺激消费者的购买欲，其注意事项如下。

- 户外展架广告应醒目地安装在十字路口、交通要道、人流交汇处或者侧面，安装到位无歪斜。

- 户外门头广告、门柱广告、灯箱等应放在客户容易观看的角度，不能被树枝等物品遮挡。

- 室内张贴的海报应贴于视线水平位置，高矮要适度，并且不能出现褪色、磨损，如果张贴画不再美观应及时更换。

- 定期在店面巡视，了解广告宣传品的投放效果，并拍照记录在案，方便将来向客户介绍公司历史以及自己研究各个阶段的宣传效果。

8.3　开办一个公司要了解的法律法规

创业者在创办公司时，也需要掌握一定的法律法规，这样才能在公司运营中保护自己，不坑害他人，进行合法经营。

下面具体介绍一些《公司法》、《合同法》、《商标法》、《劳动法》、《劳动合同法》以及《劳动争议调解仲裁法》中的重要内容，供广大创业者快速了解。

8.3.1 《公司法》的重要内容

《公司法》是为了规范公司的组织和行为，保护公司、股东和债权人的合法权益，维护社会经济秩序，促进社会主义市场经济的发展所制定的，在《公司法》中，与创业者相关的条目如下。

- 一人有限责任公司应当在公司登记中注明自然人独资或者法人独资，并在公司营业执照中载明。

- 一个自然人只能投资设立一个一人有限责任公司。该一人有限责任公司不能投资设立新的一人有限责任公司。

- 一人有限责任公司的股东不能证明公司财产独立于股东自己的财产的，应当对公司债务承担连带责任。

- 公司应当依照法律、行政法规和国务院财政部门的规定建立本公司的财务、会计制度。

- 公司应当在每一会计年度终了时编制财务会计报告，并依法经会计师事务所审计。

- 公司应当向聘用的会计师事务所提供真实、完整的会计凭证、会计账簿、财务会计报告及其他会计资料，不得拒绝、隐匿、谎报。

- 公司除法定的会计账簿外，不得另立会计账簿。

- 公司经营管理发生严重困难，继续存续会使股东利益受到重大损失，通过其他途径不能解决的，持有公司全部股东表决权10%以上的股东，可以请求人民法院解散公司。

8.3.2 《合同法》的重要内容

《合同法》是为了保护合同当事人的合法权益，维护社会经济秩序，促进社会主义现代化建设所制定的。

在合同法中，与创业者相关的条目如下。

● 合同的内容由当事人约定，一般包括以下条款：（一）当事人的名称或者姓名和住所；（二）标的；（三）数量；（四）质量；（五）价款或者报酬；（六）履行期限、地点和方式；（七）违约责任；（八）解决争议的方法。当事人可以参照各类合同的示范文本订立合同。

● 当事人在订立合同过程中有下列情形之一，给对方造成损失的，应当承担损害赔偿责任：（一）假借订立合同，恶意进行磋商；（二）故意隐瞒与订立合同有关的重要事实或者提供虚假情况；（三）有其他违背诚实信用原则的行为。

● 当事人在订立合同过程中知悉的商业秘密，无论合同是否成立，不得泄露或者不正当地使用。泄露或者不正当地使用该商业秘密给对方造成损失的，应当承担损害赔偿责任。

● 有下列情形之一的，合同无效：（一）一方以欺诈、胁迫的手段订立合同，损害国家利益；（二）恶意串通，损害国家、集体或者第三人利益；（三）以合法形式掩盖非法目的；（四）损害社会公共利益；（五）违反法律、行政法规的强制性规定。

● 下列合同，当事人一方有权请求人民法院或者仲裁机构变更或者撤销：（一）因重大误解订立的；（二）在订立合同时显失公平的。一方以欺诈、胁迫的手段或者乘人之危，使对方在违背真实意思的情况下订立的合同，受损害方有权请求人民法院或者仲裁机构变更或者撤销合同。当事人请求变更的，人民法院或者仲裁机构不得撤销。

● 合同无效或者被撤销后，因该合同取得的财产，应当予以返还；不能返还或者没有必要返还的，应当折价补偿；有过错的一方应当赔偿对方因此所受到的损失；双方都有过错的，应当各自承担相应的责任。

● 当事人一方明确表示或者以自己的行为表明不履行合同义务的，对方可以在履行期限届满之前要求其承担违约责任。

● 质量不符合约定的，应当按照当事人的约定承担违约责任。对违约责任没有约定或者约定不明确的，依照本法第六十一条的规定仍不能确定的，受损害方根据标的的性质以及损失的大小，可以合理选择要求对方承担修理、更换、重作、退货、减少价款或者报酬等违约责任。

8.3.3　《商标法》的重要内容

《商标法》是为了加强商标管理，保护商标专用权，促使生产、经营者保证商品和服务质量，维护商标信誉，以保障消费者和生产、经营者的利益，促进社会主义市场经济的发展所定制的。

在商标法中，与创业者相关的条目如下。

● 自然人、法人或者其他组织在生产经营活动中，对其商品或者服务需要取得商标专用权的，应当向商标局申请商标注册。

● 两个以上的自然人、法人或者其他组织可以共同向商标局申请注册同一商标，共同享有和行使该商标专用权。

● 法律、行政法规规定必须使用注册商标的商品，必须申请商标注册，未经核准注册的，不得在市场销售。

● 申请注册和使用商标，应当遵循诚实信用原则。

● 任何能够将自然人、法人或者其他组织的商品与他人的商品区别开的标志，包括文字、图形、字母、数字、三维标志、颜色组合和声音等，以及上述要素的组合，均可以作为商标申请注册。

● 申请注册的商标，应当有显著特征，便于识别，并不得与他人在先取得的合法权利相冲突。商标注册人有权标明"注册商标"或注册标记。

● 以三维标志申请注册商标的，仅由商品自身的性质产生的形状、为获得技术效果而需有的商品形状或者使商品具有实质性价值的形状，不得注册。

8.3.4　《劳动法》的重要内容

《劳动法》是为了保护劳动者的合法权益，调整劳动关系，建立和维护适应社会主义市场经济的劳动制度，促进经济发展和社会进步所制定的。作为公司老板需懂得劳动法，以便合法地对待公司员工。在劳动法中，与创业者相关的条目如下。

- 劳动者在同一用人单位连续工作满 10 年以上，当事人双方同意续延劳动合同的，如果劳动者提出订立无固定限期的劳动合同，应当订立无固定限期的劳动合同。

- 劳动合同可以约定试用期。试用期最长不得超过 6 个月。

- 劳动合同当事人可以在劳动合同中约定保守用人单位商业秘密的有关事项。

- 劳动者有下列情形之一的，用人单位可以解除劳动合同：（一）在试用期间被证明不符合录用条件的；（二）严重违反劳动纪律或者用人单位规章制度的；（三）严重失职、营私舞弊，对用人单位利益造成重大损害的；（四）被依法追究刑事责任的。

- 有下列情形之一的，用人单位可解除劳动合同，但是应当提前 30 日以书面形式通知劳动者本人：（一）劳动者患病或者非因工负伤，医疗期满后，不能从事原工作也不能从事由用人单位另行安排的工作的；（二）劳动者不能胜任工作，经过培训或者调整工作岗位，仍不能胜任工作的；（三）劳动合同订立时所依据的客观情况发生重大变化，致使原劳动合同无法履行，经当事人协商不能就变更劳动合同达成协议的。

- 劳动者有下列情形之一的，用人单位不得解除劳动合同：（一）患职业病或者因工负伤并被确认丧失或者部分丧失劳动能力的；（二）患病或者负伤，在规定的医疗期内的；（三）女职工在孕期、产期、哺乳期的；（四）法律、行政法规规定的其他情形。

- 国家实行劳动者每日工作时间不超过 8 小时、平均每周工作时间不超过 44 小时的工时制度。对实行计件工作的劳动者，用人单位应根据本法第三十六条规定的工时制度合理确定其劳动定额和计件报酬标准。

- 用人单位应当保证劳动者每周至少休息一天。

- 用人单位由于生产经营需要，经与工会和劳动者协商后可以延长工作时间，一般每日不得超过一小时；因特殊原因需要延长工作时间的，在保障劳动者身体健康的条件下延长工作时间每日不得超过 3 小时，但是每月不得超过 36 小时。

- 女职工生育享受不少于 90 天的产假。不得安排未成年工从事矿山井下、有毒有害、国家规定的第四级体力劳动强度的劳动和其他禁忌从事的劳动。

- 用人单位非法招用未满16周岁的未成年人的，由劳动行政部门责令改正，处以罚款；情节严重的，由工商行政管理部门吊销营业执照。

- 由于用人单位的原因订立的无效合同，对劳动者造成损害的，应当承担赔偿责任。

- 用人单位违反本法规定的条件解除劳动合同或者故意拖延不订立劳动合同的，由劳动行政部门责令改正；对劳动者造成损害的，应当承担赔偿责任。

- 用人单位和劳动者必须依法参加社会保险，缴纳社会保险费。

- 用人单位无故不缴纳社会保险费的，由劳动行政部门责令其限期缴纳；逾期不缴的，可以加收滞纳金。

8.3.5 《劳动合同法》的重要内容

《劳动合同法》是为了完善劳动合同制度，明确劳动合同双方当事人的权利和义务，保护劳动者的合法权益，构建和发展和谐稳定的劳动关系所制定的。在劳动合同法中，与创业者相关的条目如下。

- 用人单位招用劳动者时，应当如实告知劳动者工作内容、工作条件、工作地点、职业危害、安全生产状况、劳动报酬，以及劳动者要求了解的其他情况；用人单位有权了解劳动者与劳动合同直接相关的基本情况，劳动者应当如实说明。

- 用人单位招用劳动者，不得扣押劳动者的居民身份证和其他证件，不得要求劳动者提供担保或者以其他名义向劳动者收取财物。

● 用人单位自用工之日起满一年不与劳动者订立书面劳动合同的，视为用人单位与劳动者已订立无固定期限劳动合同。

● 用人单位自用工之日起超过一个月不满一年未与劳动者订立书面劳动合同的，应当向劳动者每月支付两倍的工资。

● 劳动合同期限 3 个月以上不满一年的，试用期不得超过一个月；劳动合同期限一年以上不满 3 年的，试用期不得超过两个月；3 年以上固定期限和无固定期限的劳动合同，试用期不得超过 6 个月。同一用人单位与同一劳动者只能约定一次试用期。

● 劳动者在试用期的工资不得低于本单位相同岗位最低工资标准或者劳动合同约定工资的 80%，并不得低于用人单位所在地的最低工资标准。

● 用人单位与劳动者协商一致，可以解除劳动合同。劳动者提前三十日以书面形式通知用人单位，可以解除劳动合同。劳动者在试用期内提前三日通知用人单位，可以解除劳动合同。

8.3.6 《劳动争议调解仲裁法》的重要内容

《劳动争议调解仲裁法》是为了公正及时解决劳动争议，保护当事人合法权益，促进劳动关系和谐稳定所制定的。在劳动争议调解仲裁法中，与创业者相关的条目如下。

● 发生劳动争议，劳动者可以与用人单位协商，也可以请工会或者第三方共同与用人单位协商，达成和解协议。

● 发生劳动争议，当事人不愿协商、协商不成或者达成和解协议后不履行的，可以向调解组织申请调解；不愿调解、调解不成或者达成调解协议后不履行的，可以向劳动争议仲裁委员会申请仲裁；对仲裁裁决不服的，除本法另有规定的外，可以向人民法院提起诉讼。

● 发生劳动争议，当事人对自己提出的主张，有责任提供证据。与争议事项有关的证据属于用人单位掌握管理的，用人单位应当提供；用人单位不提供的，应当承担不利后果。

- 发生劳动争议的劳动者一方在十人以上，并有共同请求的，可以推举代表参加调解、仲裁或者诉讼活动。

- 用人单位违反国家规定，拖欠或者未足额支付劳动报酬，或者拖欠工伤医疗费、经济补偿或者赔偿金的，劳动者可以向劳动行政部门投诉，劳动行政部门应当依法处理。

8.4　出现法律问题的应对

中小型公司在创办初期，由于公司刚刚起步，法律部门还没有建立起来，因此，作为公司的老板，需要懂得一些法律问题的处理办法。

8.4.1　对工伤争议的解决

据我国现行《工伤保险条例》规定，在工作时间、场所和因工作原因受到的伤害和患职业病认定为工伤。

此外，出于人道主义和社会正义与公平的考虑，对于在工作时间和工作岗位上突发疾病死亡、因抢险救灾等维护国家利益和公共利益而受到伤害等情况也视同工伤。

当发生工伤后，其争议处理流程如图8-7所示。

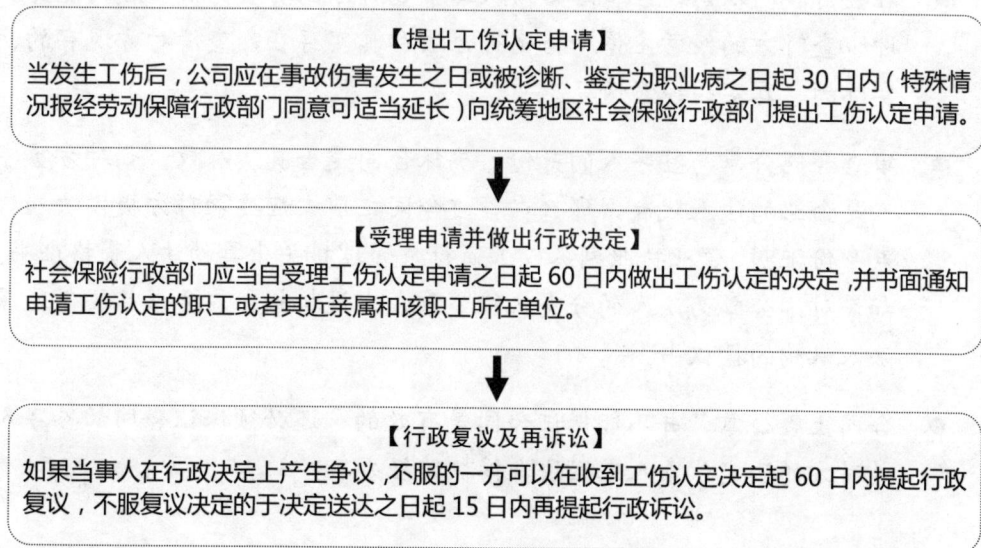

【提出工伤认定申请】
当发生工伤后，公司应在事故伤害发生之日或被诊断、鉴定为职业病之日起30日内（特殊情况报经劳动保障行政部门同意可适当延长）向统筹地区社会保险行政部门提出工伤认定申请。

↓

【受理申请并做出行政决定】
社会保险行政部门应当自受理工伤认定申请之日起60日内做出工伤认定的决定，并书面通知申请工伤认定的职工或者其近亲属和该职工所在单位。

↓

【行政复议及再诉讼】
如果当事人在行政决定上产生争议，不服的一方可以在收到工伤认定决定起60日内提起行政复议，不服复议决定的于决定送达之日起15日内再提起行政诉讼。

图 8-7　工伤争议的处理流程

8.4.2　常见的企业诈骗

公司经营者在与其他人签订合同或买卖商品时，要注意提防花样百出的商业诈骗，下面列举几种常见的诈骗情况供经营者了解，如图 8-8 所示。

1　采取伪造证件的手段虚构不存在的主体（包括自然人、法人和其他组织）；或是冒用他人的名义签订合同，骗取财物。

2　以伪造、变造、作废或者虚假的产权证明作担保，或者使用明知不符合担保条件的抵押物、债权文书等作为合同履行的担保，诱骗当事人与其签订合同，从而骗取财物。

3　谎称拥有某件或某些物品，尤其是紧俏物品，或宣称对某物品享有处分权，虚假买卖以诈骗钱财。用伪造、变造、无效或不能兑现的票据或其他结算凭证支付，套取货物。

4　采取先履行小部分义务的方式骗取对方对大部分义务的履行，或通过订立并履行小额合同树立诚信形象后再与对方订立巨额合同或履行合同进行诈骗。

图 8-8　常见诈骗方法

在了解了诈骗方法之后，就应当学习怎样预防诈骗，下面列举几种常见防诈骗的策略供经营者学习，具体内容如下。

● 在签订合同以前，经营者必须认真审查对方的真实身份和履约能力。即审查对方的经营主体资格是否合法和真实存在，查清对方现有的、实际的、真实的经营情况。

● 审查合同公章与签字人的身份，确保合同是否真实有效。如对方签字人是企业的法人代表，那么在签订合同之前，应要求对方提供法人代表身份证明，营业执照副本或工商行政管理机关出具的法人资格证书。如果对方公章为法人的分支机构公章或内设机构，应要求其提供所属法人机构的授权书。

● 合同上签公章，并不能保证合同是有效的，还必须保证合同的签字人是对方的法定代表人或经法人授权的经办人。

- 为了防止对方利用合同条款来弄虚作假，应该严格审查合同各项条款以便使合同权利义务关系规范、明确，便于履行。对于合同的主要条款，特别是关于交货地点、交货方式、质量标准、结算方式、货物价格的约定更要力求表达清晰、明确、完整。

- 约定争议管辖权条款，通常应当约定双方所在地的人民法院都有管辖权，如果发生了争议，应当尽快向本地的人民法院提起诉讼，以避免在对方"主场"打官司。

- 把握一个原则：哪怕会失去客户也坚持不先出钱，这样能避免受骗。

8.4.3　中小企业多与律师建立联系

如今的市场经济是法制经济，在市场竞争与企业经营的过程中，尤其对于刚成立的中小企业，通常都会遇到很多法律问题，再加上本身如果经营者的法律知识储备不足，有时候会因为某些事情处理不当，或者做了错误的选择，导致发生不可挽回的损失或者问题。因此法律人员在企业中的作用不言而喻。

但是对于中小企业而言，如果要聘请一位专门的法务人员来处理公司内部的法律问题，就会专门为该法务人员开工资，而且通常法务人员的工资都很高，因此，为了节省一笔费用，中小企业可以考虑多与律师建立联系，当需要法律援助时，向其寻求帮助，即使会产生费用，这个费用也比常年供一个法务人员的费用低。

除此之外，外部律师能为企业办理的事情比公司内部法务人员办理和解决的问题更多，具体表现如下。

- 外部律师不会专注于某一个公司做事，通常其处理的纠纷和案件比较多，对法律实践的变化非常敏感，可以给公司及时的反馈。

- 外部律师都是正式的执照律师，他们在司法实践中享有更多的诉讼参与权。

- 外部律师不属于公司的某个分系，因此更能以旁观者的身份为企业提出更客观的建议。

【前车之鉴：创业风险较大，投资需谨慎】

【上海奥奇进出口有限公司合伙人：平安】

平安（Anson Ping），上海人，中国流行男歌手。2012 年参加浙江卫视歌唱类节目《中国好声音》而为广大观众所熟知。

成名后，平安与朋友合伙创业，成立了上海奥奇进出口有限公司，专门销售行李包和背包等产品。在该公司，平安不仅仅是出资人、合伙人，还是公司的法人代表。

2013 年 10 月 26 日，第一家门店在北京爱琴海购物中心正式开业，次年元旦，第二家门店在上海陆家嘴正大广场也正式营业。两家门店开业当天，平安均到场壮声势。

可惜好景不长，上海奥奇运营了仅仅一年多就倒闭了。作为法人代表，平安需要承担相应的债务。

【前车之鉴：明星创业，不仅有名人效应做宣传，更有一定的资金实力做支撑，在这种相对条件好的创业条件下，明星创业尚且失败，对于毫无资金、名气、商业运作经验和企业管理能力的普通创业者而言，更应该谨慎创业】

第9章

公司信息的变更与注销

在本书的前几个章节中，详细讲述了有关公司成立、经营发展及管理的方式方法，相信读者对相关内容已有充分了解。作为本书的最后章节，该章主要针对公司在变更信息与注销时需要办理的相关事宜做出说明。

公司的法人变更

公司的经营范围变更

公司登记地址变更

公司类型的变更

银行账户的变更

什么情况下需要将公司终止

公司终止的程序

如何注销登记

如何注销公司的银行账户

9.1 公司信息变更

在公司经营发展的过程中，与公司相关的信息可能会发生变化，这时就需要办理信息的变更。不同信息的变更有不同的要求，在进行公司信息变更之前，需要了解各信息项目的变更都由哪些管理机构负责并提前准备相关材料。

各机构具体受理信息变更项目的情况如图 9-1 所示。

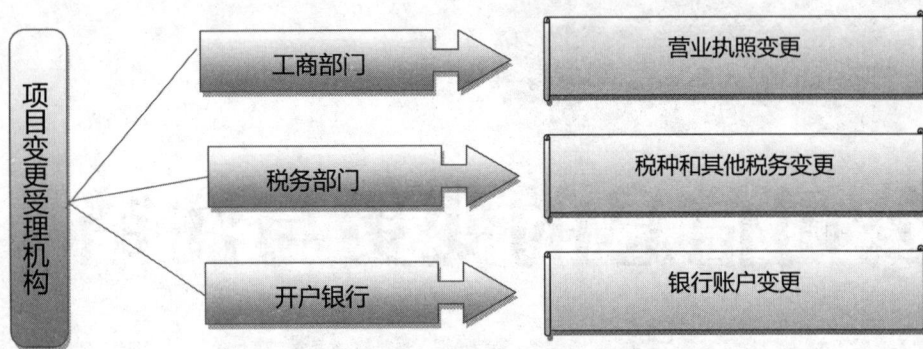

图 9-1　项目变更管理机构

9.1.1　公司的法人变更

公司法人的变更属于公司的重大事件。公司法定代表人变更以后，必然涉及其他信息项目的变更，包括五证合一营业执照变更、相关许可证变更以及银行账户变更等。

各信息项目都需要依据相关机构的要求和规定，进行及时的信息变更登记。

公司法人变更应事先准备并向相关部门提交申请材料，所需的基本材料如图 9-2 所示。

证明类

根据公司章程规定和程序提交原法定代表人的免职证明和新法定代表人的任职证明，若变更涉及公司章程修改，还应提交关于公司章程修改的材料或者公司章程修正案（公司法定代表人签署）。

加盖公司公章的《指定代表或者共同委托代理人的证明》，同时需提交指定代表人或委托代理人的身份证复印件（本人签字），应标明具体委托事项、被委托人的权限和委托期限。

图 9-2　公司法人变更所需材料

五证合一的营业执照正副本原件、新旧法人代表身份证复印件、公章。

文件类

原公司章程、新法人简历一份以及新法人签字。

法定人签署的《公司变更登记申请书》、公司签署的《变更登记附表——法定代表人信息》和《变更登记附表——董事、监事、经理信息》，均需加盖公司公章。

法律、行政法规和国务院决定规定变更法定代表人必须报经批准的，提交有关的批准文件或者许可证书复印件。

图 9-2　公司法人变更所需材料（续）

按照上述分类资料进行搜集整理，已基本完成法人变更所需的材料准备工作，但在这一过程当中应注意一些细节问题，具体情况如下。

- 只有依照《企业法人登记管理条例》成立的企业法人在申请法定代表人变更登记时，才适用上述的材料准备规定。

- 《企业法人变更登记申请书》、《指定代表或者共同委托代理人的证明》以及《公司（企业）法定代表人登记表》可以通过网络下载或者直接到各工商行政管理机关领取。

- 在材料准备中，未说明需要提交复印件的，应当提交原件；说明提交复印件的，应当注明"与原件一致"字样并由公司加盖公章。

- 根据各部门的规定和流程，提供所需的其他材料。

9.1.2　公司的经营范围变更

公司经营范围变更主要有 3 种情况：增加公司经营范围、减少公司经营范围以及行业发生变更后经营范围随之变更。这 3 种情况是公司经营范围变更的最主要形式。

无论是哪一种形式，都需要向工商和税务机关提交规范的变更登记材料，只不过在细节上有所不同，具体所需材料如图 9-3 所示。

1	由法定代表人签署的《公司变更登记申请书》。由公司签署的《指定委托代理人证明》，委托证明应标明具体委托事项、被委托人的权限和委托期限。
2	公司营业执照正本和副本原件。如果是委托代理公司代理变更的，还需要提供公司公章和所有股东的私章。
3	企业法人私章、股东的身份证原件以及股东同意变更事项的申明。提交股东会决议，包括经营范围变更的原因，增加或减少经营范围的具体项目。
4	法律、行政法规和国务院决定规定变更经营范围必须报经有关部门批准的，提交有关的批准文件或者许可证书复印件（复印件一份，需验原件）。

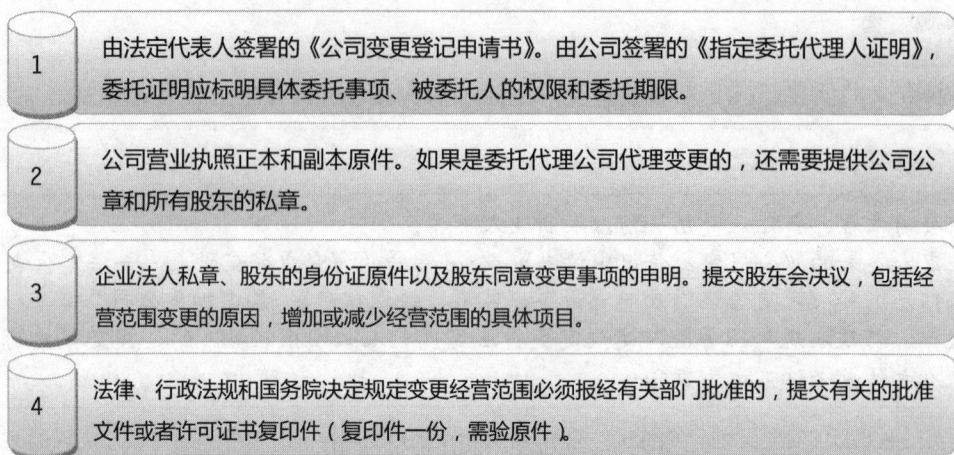

图9-3 公司经营范围变更所需材料

以上是公司经营范围变更所需准备的材料，在向工商和税务机关提供材料的时候，根据公司的规模和性质的不同，所提交的材料在此基础上可能会有所增减，比如：变更经营范围涉及需增加注册资本的，应提交验资证明等。具体增减的材料以工商部门和税务机关的要求为准。

在办理经营范围变更的过程中，还有一些细节方面需要注意，这里列举几种常见的、容易被忽视的情况。

- 经营范围变更成功以后，在领取换发营业执照时，需要缴回《企业法人营业执照》正本。

- 在提交《企业法人营业执照》复印件的时候，应当注明"与原件一致"字样并由股东加盖公章或签字。股东为自然人的，由本人签字；自然人以外的股东必须加盖公章，不得签字代替。

- 提交公司章程修订稿或公司章程修正案时，具体条款项需由代表 2/3 以上表决权的股东签署才能生效。

- 申请人同时申请多项变更，相同的文件只需提交一份。

9.1.3 公司登记地址变更

公司在经营的过程中，由于规模变化或其他原因，可能会发生登记地址需要变更的情况，这时首先要做的事情就是去工商局办理地址变更的相关手续。

办理登记地址变更相关事宜时，所需材料如图 9-4 所示。

证件类

> 企业未变更登记地址时的营业执照正本和副本的原件、公章、财务章、企业法人私章以及银行开户许可证原件。
>
> 新办公地点属于自有房产的，提交不动产权证复印件；租赁房屋的，提交租赁协议原件或复印件以及出租方的不动产权证复印件；以上不能提供不动产权证复印件的，提交其他房屋产权使用证明。

证明类

> 加盖公司公章的《指定代表或者共同委托代理人的证明》，同时需提交指定代表人或委托代理人的身份证复印件（本人签字），应标明具体委托事项、被委托人的权限和委托期限。

文件类

> 法定代表人签署的《公司变更登记申请书》。
>
> 法律、行政法规和国务院规定的关于公司变更登记地址必须报经批准的，提交有关部门的批准文件或者许可证书。

图 9-4　公司登记地址变更所需材料

公司经营场所变更最重要的就是涉及营业执照地址的变更，在提交的材料中也包含了营业执照变更所需的材料，营业执照变更地址流程如图 9-5 所示。

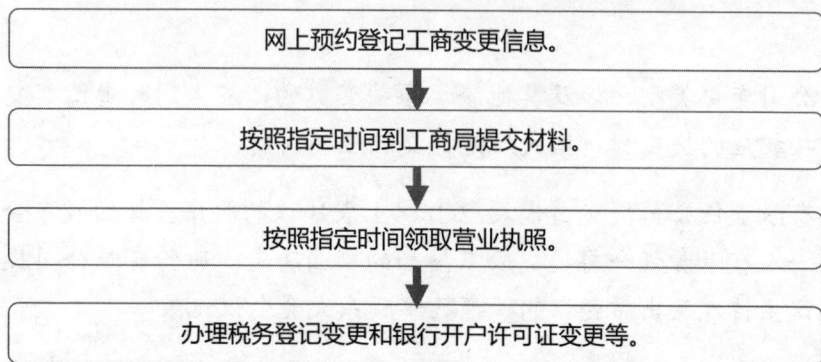

```
网上预约登记工商变更信息。
        ↓
按照指定时间到工商局提交材料。
        ↓
按照指定时间领取营业执照。
        ↓
办理税务登记变更和银行开户许可证变更等。
```

图 9-5　营业执照地址变更流程

需要注意的是，如果登记地址变更属于同城跨区变更，则需要先到即将变更到的工商局开具工商接收函，然后拿着接收函到目前公司所在地的工商局开具迁出函，之后再按照上面的流程去办理相关事务就可以了。

9.1.4　公司类型的变更

上述几种变更都没有改变公司的性质问题，而公司类型的变更则彻底使公司的性质发生了变化，这也必然涉及方方面面的问题。不管公司类型的变更涉及的问题如何繁多，准备变更材料是必不可少的，所需的基本材料如图9-6所示。

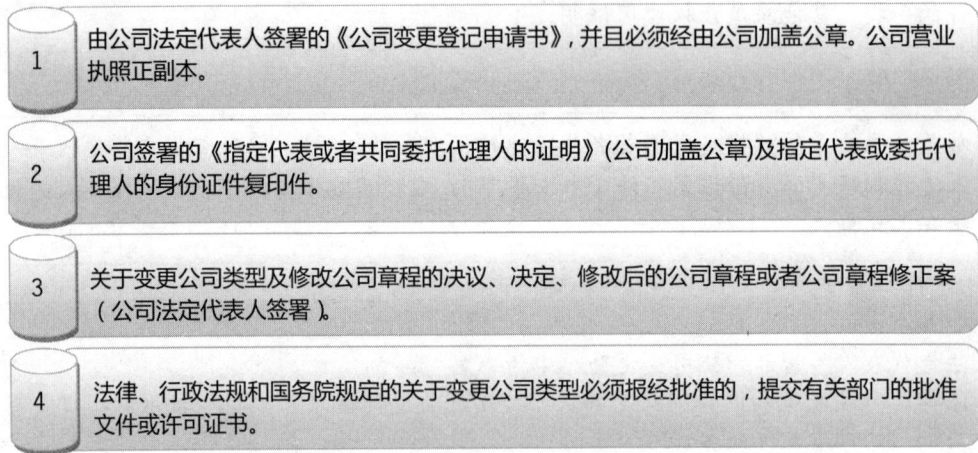

1　由公司法定代表人签署的《公司变更登记申请书》，并且必须经由公司加盖公章。公司营业执照正副本。

2　公司签署的《指定代表或者共同委托代理人的证明》(公司加盖公章)及指定代表或委托代理人的身份证件复印件。

3　关于变更公司类型及修改公司章程的决议、决定、修改后的公司章程或者公司章程修正案（公司法定代表人签署）。

4　法律、行政法规和国务院规定的关于变更公司类型必须报经批准的，提交有关部门的批准文件或许可证书。

图 9-6　公司类型变更所需材料

在准备上述材料的过程中，根据公司性质的不同，还需要另行提交其他材料，比如，有限责任公司变更为股份有限公司时需要提交验资报告。在实际办理相关事宜的时候，应根据实际情况做出相应的准备工作，具体可能涉及的情况如下。

● 公司变更类型，涉及其他登记事项变更的，应当同时申请变更登记，按相应的提交材料格式规范提交相应的材料。

● 有限责任公司提交由代表 2/3 以上表决权的股东签署的股东会决议；一人有限责任公司提交股东签署的书面决定；股份有限公司提交由会议主持人及出席会议的董事签字股东大会会议记录。

● 国有独资公司提交国务院、地方人民政府或者其授权的本级人民政府国有资产监督管理机构的批准文件。

以上涉及股东签署的材料文件，股东属于自然人由本人签字；自然人以外的股东加盖公章。

9.1.5 银行账户的变更

相对于其他的公司信息变更而言，银行账户变更的流程简单，所需材料也不那么繁多，但是银行账户的变更最主要有两种变更情况，一是银行账户法人变更，二是银行基本户开户行变更，两者所需准备提交的材料略有不同。

(1) 银行账户法人变更

银行账户的法人信息不会经常发生变化，一般都是由公司法人信息发生变更而引起账户的连带变更，变更之前所需准备的材料如下。

● 五证合一的营业执照和法人开户许可证，均需提供复印件两份。

● 法人代表身份证明，即护照或身份证（复印件两份）。

以上准备的所有复印件材料都需要加盖公章，否则材料视为无效。若委托办理，还需提交授权委托书一份和代办人身份证复印件两张。

在准备好变更所需的有关材料之后，就可以去银行账户所在的开户行办理相关事宜，具体流程如图 9-7 所示。

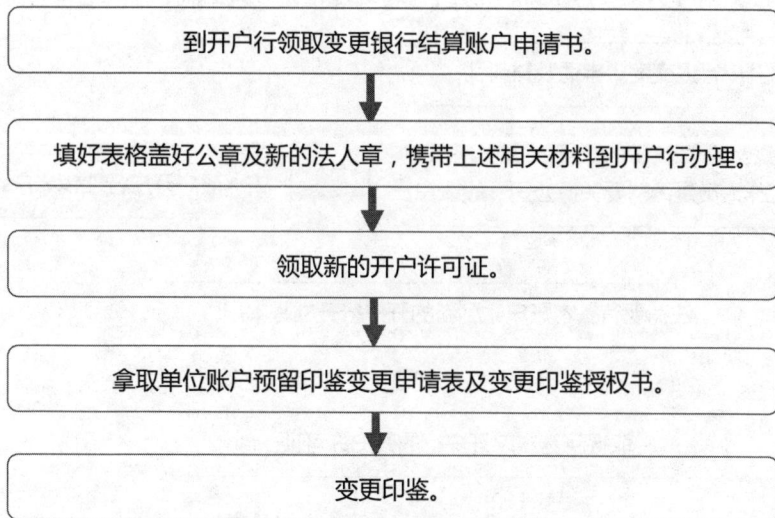

图 9-7 银行账户法人变更流程

在办理流程中的最后一项是变更印鉴，该事项所需的材料根据相关受理机构的规定要求，另行准备，这里列举出基本所需的材料，具体如下。

● 新的开户许可证复印件两份。

● 营业执照正本复印件两份。

● 法人代表身份证明（护照或身份证）复印件两份。

● 代理人身份证复印件两份。

● 旧的印鉴卡、新旧法人章和公章。

（2）基本户开户行变更

基本户开户行变更所需的办理手续较为简单，所需材料如图 9-8 所示。

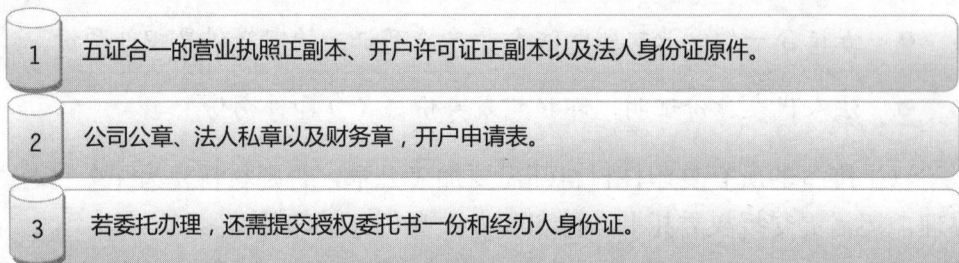

1	五证合一的营业执照正副本、开户许可证正副本以及法人身份证原件。
2	公司公章、法人私章以及财务章，开户申请表。
3	若委托办理，还需提交授权委托书一份和经办人身份证。

图 9-8 基本户开户行变更材料

在准备好材料以后，就需要进行变更办理，办理流程如图 9-9 所示。

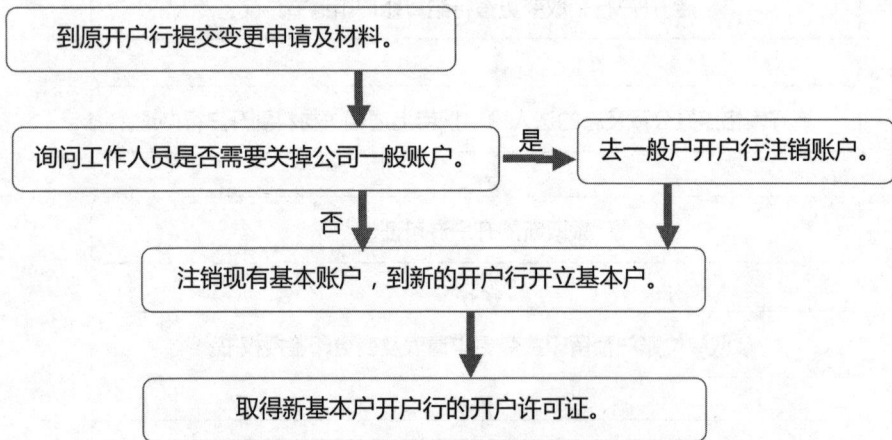

到原开户行提交变更申请及材料。

询问工作人员是否需要关掉公司一般账户。 —— 是 —— 去一般户开户行注销账户。

否

注销现有基本账户，到新的开户行开立基本户。

取得新基本户开户行的开户许可证。

图 9-9 基本户开户行变更流程

9.2 公司的注销

在不能维持公司正常运营或无法满足盈利需求的时候，人们最常采取的措施是选择主动注销,那么关于公司注销有什么相关要求和规定呢？在本小节中,我们将就此进行详细讲述。

9.2.1 什么情况下需要将公司终止

公司注销常分为两种情况，一种是公司老板不愿意继续经营而主动选择注销公司；另一种是公司处于某种特定的状态下，需要依法注销。这里讲述需要依法注销公司的情况，具体条件如图 9-10 所示。

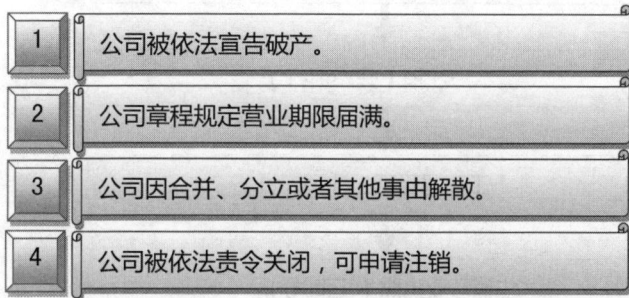

1	公司被依法宣告破产。
2	公司章程规定营业期限届满。
3	公司因合并、分立或者其他事由解散。
4	公司被依法责令关闭，可申请注销。

图 9-10 公司需要依法注销的情况

这里有一个需要注意的地方，即吊销营业执照也属于公司注销，若打算 3年之内不再开办公司，则理论上可以不办理公司注销手续；若 3 年内有可能会再次开办新公司，则需依法办理公司注销手续，否则将没有开办公司的资格。

9.2.2 公司终止的程序

公司在达到注销的条件以后，就需要及时进行相关手续的办理。但在公司注销之前，首先应成立清算组进行清算（清算是一种法律程序，未经清算就自行终止的行为是没有法律效力的）。

公司清算因清算的性质不同而有所区分，例如公司因破产发生的清算，适用《企业破产法》和《民事诉讼法》；公司因非破产发生的清算，适用《公司法》和《民事诉讼法》。清算具体的操作步骤如图 9-11 所示。

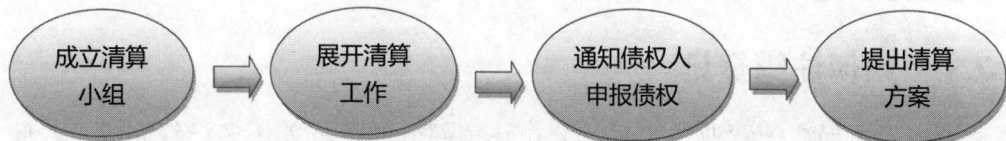

成立清算小组 ⇒ 展开清算工作 ⇒ 通知债权人申报债权 ⇒ 提出清算方案

图 9-11 公司清算步骤

在清算工作完成后，就可以进行公司的注销，办理流程如图 9-12 所示。

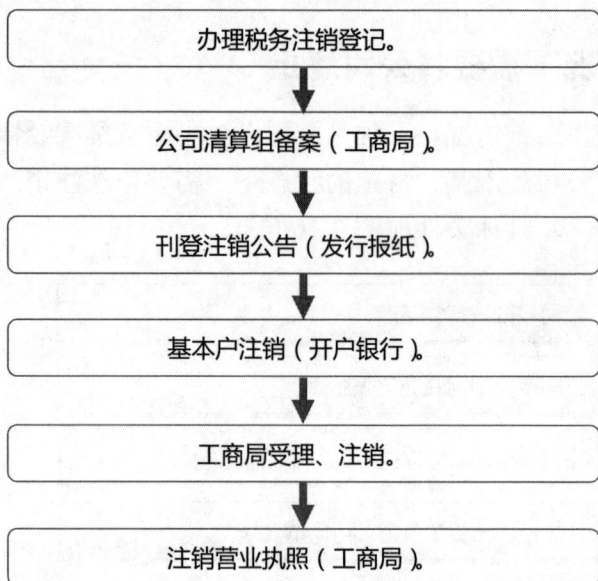

```
┌─────────────────────────────┐
│      办理税务注销登记。        │
└─────────────────────────────┘
               ↓
┌─────────────────────────────┐
│    公司清算组备案（工商局）。   │
└─────────────────────────────┘
               ↓
┌─────────────────────────────┐
│    刊登注销公告（发行报纸）。   │
└─────────────────────────────┘
               ↓
┌─────────────────────────────┐
│    基本户注销（开户银行）。     │
└─────────────────────────────┘
               ↓
┌─────────────────────────────┐
│      工商局受理、注销。        │
└─────────────────────────────┘
               ↓
┌─────────────────────────────┐
│    注销营业执照（工商局）。     │
└─────────────────────────────┘
```

图 9-12　公司注销的流程

了解清楚注销流程后，就要准备需要提供的相关材料了，如图 9-13 所示。

证件类

公司营业执照原件及复印件和法人代表身份证复印件。

文件类

复印件营业执照注销文件、公司注销股东会决议、公司原始档案、在工商局取得的表格和公告内容等。税务注销证明文件、公司清算报告、营业执照注销文件。

图 9-13　公司注销所需资料

根据公司规模和性质的不同，所需提供的材料或许会有所不同，详细材料依据各受理部门要求如实提供。

9.2.3　如何注销登记

当在工商局注销营业执照后，公司注销部分的流程差不多已经完成了，此时还需要做的就是注销登记。在注销登记的时候，向登记机关提供的材料信息应完整准确，具体所需的材料如图 9-14 所示。

1	公司清算组负责人和法定代表人各自签署的注销登记申请书。
2	法院破产核定、行政机关责令关闭的文件或公司依照相关法规做出的决议决定。
3	股东会或有关机关确认的清算报告。
4	税务部门出具的完税证明和银行出具的销户证明。
5	公司法人营业执照正副本。
6	法律和行政法规规定的应提交的其他文件。

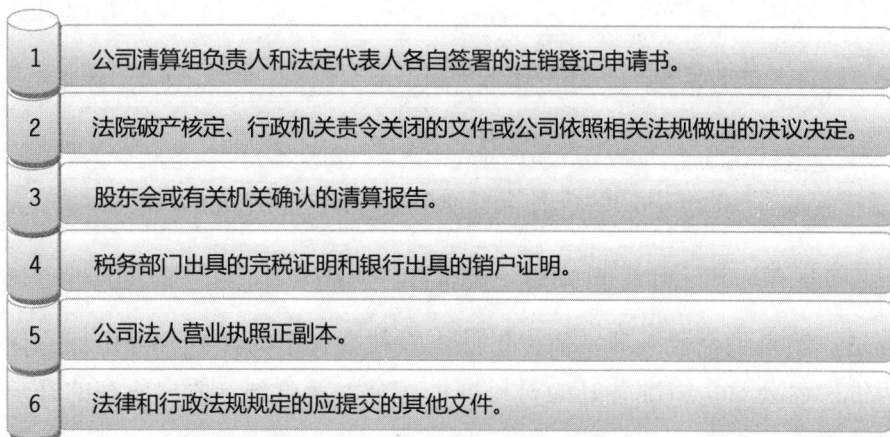

图9-14 公司办理注销登记所需资料

准确完整地提供所需的材料以后，相关部门会对此进行办理，至此，注销登记已经基本上完成了。

9.2.4 如何注销公司的银行账户

一般情况下，公司的银行账户都具有基本户、一般户和临时验资户3种账户。不同银行账户的注销需要提供的材料有所不同，下面将按照注销顺序逐一进行介绍。

(1) 临时验资户的注销

验资户的注销又分为两种情况，一是验资成功，二是验资不成功，实际处理方法如下所示。

● 验资成功时，需要将验资账户的资金全部转入基本账户，然后携带销户申请书、股东身份证原件及复印件（股东须本人亲自到柜台办理）和印鉴卡到银行办理销户手续。

● 验资不成功时，需要提交销户申请，工商局开具原资金转入依据、印鉴卡、股东身份证原件及一份复印件到银行办理销户手续。

(2) 一般户的注销

在对一般账户进行注销时，根据需要将剩余资金转入其他同名账户或基本账户。所需准备的材料如图9-15所示。

1	销户申请书、剩余的支票和印鉴卡。
2	法人身份证件及一份复印件盖公章。
3	扣税账户需要提供工商、国税、地税的注销通知书原件及复印件（盖公章）。

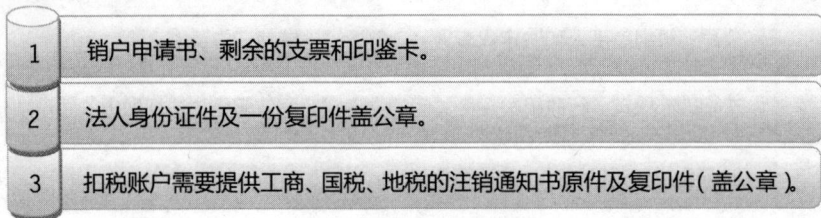

图 9-15　一般户注销所需材料

若是非法人到柜台办理，需提供法人授权委托书、经办人身份证原件及复印件两份加盖公章。将准备好的材料携带齐全，就可到一般户所在的开户行办理账户注销了。

（3）基本户的注销

基本户是最后进行注销的账户，基本户的注销申请需要经过人民银行的审批才能生效，所需审批时间大概为 7 个工作日。

注销银行账户基本户所需准备的材料包括开户许可证、销户申请书、剩余的支票、印鉴卡、法人身份证件及两份复印件盖公章、企业介绍信一份、印模一张以及盖在授权书和申请表上的企业公章和法人代表私章。如果由代理人办理，则还需提供代理人身份证原件和复印件。

在基本账户注销的时候，有以下两种情况需要注意。

● 若注销基本户是因为公司不再营业，还需提供工商局出具的"企业注销通知书"（某些银行可能会要求提供国税、地税注销通知书原件及复印件）。提供注销证明后，可将基本户剩余的资金以现金形式取出。

● 若注销基本户与公司经营无关，即公司仍会继续经营的，则可以将基本户资金转入公司同名账户。

因为基本户是最后一个注销的账户，所以需要先将全部的一般账户注销，等到资金转入基本账户以后，才可办理最后的销户手续。